LA MONDIALISATION
DÉCOMPRESSÉE

DOMINIQUE MOCKLY
PRÉSIDENT ET DIRECTEUR GÉNÉRAL DE TERÉGA

À tous les partenaires de Teréga qui m'ont fait découvrir
les richesses et le potentiel de nos territoires.

À l'OCDE qui, tous les jours, recherche les meilleures solutions
au service du développement économique et de l'inclusion.

Aux collaborateurs de Teréga qui vivent avec passion
leur engagement local, national et européen.

SOMMAIRE

De l'explosion des risques à la réinvention de l'Europe : la mondialisation post-Covid-19

« Aujourd'hui encore, dire "mondialisation" me désoriente comme une idée vague, protéiforme. Mais j'arrive au moins à en deviner le périmètre, ses effets collatéraux la dessinent. Par exemple, une pandémie. Par exemple, cette nouvelle forme de responsabilité élargie, à laquelle aucun d'entre nous ne peut se soustraire. »

PAOLO GIORDANO, Contagions

Par son ampleur et ses effets spectaculaires, la pandémie de coronavirus a joué un rôle de révélateur. À l'instar du réchauffement climatique, dont nous percevons chaque jour un peu plus les conséquences délétères, la crise de la Covid-19 a accéléré notre prise de conscience des déséquilibres qui frappent la planète. Elle a démontré, si besoin en était, qu'il est désormais essentiel d'adapter certains aspects de la mondialisation pour mieux en gérer les externalités négatives les plus criantes.

Il y a cinq ans environ, dans *L'Entreprise cerveau*, nous avions déjà eu l'occasion d'alerter les décideurs sur la nécessité de « décompresser » la mondialisation et d'anticiper les menaces qui accompagnent l'émergence d'une civilisation globale marquée par les phénomènes de digitalisation, d'hyperspécialisation, d'accélération et de concentration des richesses[1]. Le message et les avertissements formulés à cette époque demeurent plus que jamais d'actualité. Aujourd'hui, la mondialisation est trop souvent conçue comme la duplication d'un modèle unique, ce qui nuit à la diversité, dans tous les sens du terme. On plaque de manière artificielle aux réalités locales qu'ils entendent transformer des systèmes qui ne leur sont pas forcément adaptés. Or, la mondialisation ne doit pas coïncider avec l'uniformisation et la destruction de modes de vie pluriels.

Avec la remise en cause induite par le coronavirus, nous avons toutefois une opportunité unique de la réinventer.

La mondialisation a certes permis à nos sociétés de se développer et de tirer d'immenses bénéfices des synergies engendrées par la mise en commun de savoirs et de savoir-faire. Observez les capacités actuelles de la recherche internationale, organisée en réseaux, sans laquelle nos sociétés n'auraient pu réagir à une telle vitesse face à la crise sanitaire pour proposer un vaccin. Songez également au développement de marchés de taille mondiale qui facilitent l'accès du plus grand nombre à des produits de consommation courante et la diffusion à une vaste échelle d'innovations dont nous ignorions le potentiel il y a à peine vingt ans, à l'aube du troisième millénaire. Le smartphone, qui a amélioré l'existence de centaines de millions d'Africains et d'Asiatiques, est sans doute l'emblème le plus évident de ces changements positifs qui ne sont pas limités à l'Occident.

La mondialisation a toutefois coïncidé, en parallèle, avec une explosion des risques potentiels systémiques d'autant plus dangereux que notre civilisation paraît infaillible. Spontanément viennent

1. Dominique Mockly, *L'Entreprise cerveau. Petite apologie de la curiosité*, Débats Publics, coll. « Sens », novembre 2015.

bien sûr à l'esprit les risques pandémiques de toute nature, qu'il s'agisse d'épidémies comme le coronavirus ou d'« info-démies » telles que la multiplication des faits alternatifs (*fake news*) qui truquent le jeu démocratique et hystérisent l'opinion publique. Ce sont aussi les risques écologiques liés aux émissions de CO_2, à la multiplication des déchets et à leur impact sur la nature, ainsi que les dangers d'atteinte à la biodiversité par la pêche industrielle. Les exemples ne manquent pas dans le champ environnemental.

Cependant, il existe également des risques associés à une vision idéalisée ou naïve de la globalisation industrielle qui s'est développée depuis la fin de la Seconde Guerre mondiale et qui a connu son apogée après la chute du mur de Berlin. Ils recouvrent d'autres réalités qu'il convient de ne pas sous-estimer si nous voulons continuer de bénéficier de la mondialisation et apaiser les tensions qu'elle provoque inévitablement : surpopulation dans les grandes agglomérations, déconnexion entre les métropoles et leurs périphéries, récurrence des crises politiques locales – pensez à l'épisode des Gilets jaunes –, réarmement des États, tentations impérialistes, luttes idéologiques et exacerbations de logiques guerrières entre grandes puissances sur fond de guerre technologique et économique, etc. L'heure est d'une certaine manière à « l'affolement du monde[2] », tout comme à la fin du XIXe siècle, lorsque les empires et les nations mirent le progrès industriel au service de pulsions belliqueuses car les mentalités n'avaient pas évolué aussi vite…

Toutes ces tensions sont d'autant plus périlleuses qu'elles s'appuient sur le pouvoir extraordinaire des outils mis en place par la mondialisation et qu'elles se renforcent grâce à eux. Elles sont visibles à l'œil nu, à l'image de l'imminence d'une pandémie qui

2. Thomas Gomart, *L'Affolement du monde. 10 enjeux géopolitiques*, Tallandier, coll. « Texto Semi Poche », février 2020.

était annoncée depuis de nombreuses années, aussi bien par Bill Gates que par le *Livre blanc sur la défense et la sécurité nationale*[3]. Elles ne sont pas à prendre à la légère, et traduisent deux réalités.

La première est le manque de maturité de nos sociétés et d'une partie de nos systèmes politiques, voire économiques, au regard de la gigantesque transformation sociétale à l'œuvre. De nombreux archaïsmes subsistent et retardent d'indispensables mutations : régimes dictatoriaux fondés sur le pouvoir à tout prix, idéologies religieuses dévouées à l'obscurantisme, essoufflement des démocraties incapables d'associer les citoyens à la prise de décision, mais aussi dogme de la consommation à outrance et de la production de masse. Ce ne sont là que quelques illustrations, parmi tant d'autres, des survivances de l'ancien monde qui entrent en collision avec la modernité digitale et les défis contemporains.

La seconde réalité est le besoin croissant de faire bouger les lignes du paradigme dominant de la mondialisation… un modèle dont les excès débouchent inévitablement sur une série d'écueils : faible prise en compte des contraintes environnementales, éloignement des systèmes politiques de leur devoir de protection des individus, vision consumériste et financière poussée à l'extrême, hypercommunication basée sur une approche marketing plutôt qu'informationnelle, etc. Là encore, la liste pourrait être complétée sans difficulté.

Dans ce contexte, ne nous y trompons pas : sans une évolution significative de la mondialisation, nos démocraties, fondées sur les libertés et la cohésion du corps social, sont menacées d'érosion,

3. YouTube, 3 avril 2015, « Bill Gates : La prochaine épidémie ? Nous ne sommes pas prêts », en ligne : youtu.be/6Af6b_wyiwI (consulté le 12 janvier 2021). Le *Livre blanc sur la défense et la sécurité nationale* a été publié le 29 avril 2013, en ligne : www.livreblancdefenseetsecurite.gouv.fr/ (consulté le 13 janvier 2021). *Cf.* aussi l'article de Guerric Poncet, « Coronavirus : dès 2008, des experts français redoutaient une pandémie », *Lepoint.fr*, 20 avril 2020.

voire d'implosion. Heureusement, nous commençons à percevoir quelques signes d'inflexion, comme la meilleure intégration des exigences environnementales, l'émergence de nouvelles solidarités, ainsi que l'injonction à créer des logiques économiques et sociales plus exclusives. Cependant, pour que cette évolution ait lieu, elle doit aussi être adossée à une reformulation des rôles, des comportements et des réflexes anachroniques qui prévalaient jusque-là dans (et entre) les différents univers au sein desquels nous évoluons : univers politiques, univers géographiques, univers temporels, univers économiques, univers relationnels.

Deux objectifs au moins répondent à cette évolution. Tout d'abord, il est crucial d'atténuer les excès de la mondialisation qui, pour l'essentiel, se traduisent par des phénomènes d'accumulation conduisant à augmenter les pressions de toutes sortes qui pèsent sur les sociétés et les citoyens. Ensuite, il est impératif de limiter l'influence des modèles mondialistes qui arasent toutes les différences et ignorent la diversité du vivant ; ils sont promoteurs d'archaïsme et sources de désordre.

Pour relever ce double challenge, nous avons choisi de creuser le concept de « mondialisation décompressée », un mouvement qui n'est en aucun cas synonyme de recul des liens, des connexions ou des échanges. En effet, il nous paraît primordial de maintenir les principaux leviers qui, tous les jours, contribuent à élever notre humanité vers plus de prospérité et de bien-être, une plus grande solidarité entre les peuples, et une connaissance sans cesse approfondie des règles naturelles qui ordonnent la vie sur Terre aujourd'hui et, demain, sans doute au-delà.

Il n'est pas question de se priver de cette part de rêve et d'émotion, permise par les innovations technologiques et scientifiques, la recherche mondialisée et la démultiplication de l'intelligence collective ; elle nous ouvre l'accès à des horizons insoupçonnés. Quand bien même leurs projets nous paraissent fous ou irréalistes, nous avons besoin d'Elon Musk et de profils atypiques qui nous promettent la conquête de Mars, la construction de trains supersoniques ou la maîtrise parfaite de l'énergie solaire. « Décompresser la mondialisation », cela ne signifie surtout pas revenir en arrière et renoncer à l'ambition du progrès. En revanche, cela consiste à éviter la surchauffe définitive de mécanismes artificiels qui plongent nos sociétés dans une spirale destructrice de valeur.

Choisir la voie d'une « mondialisation décompressée », c'est élargir son champ d'action vers plus de conscience : conscience des autres, conscience de l'environnement qui nous entoure, conscience des richesses de la diversité, conscience que les indicateurs de mesure économique doivent être étendus aux externalités positives et négatives de l'activité et que, à l'image de ce qui se passe en physique avec une distinction entre les règles de la mécanique générale et celles de la mécanique quantique, les règles de la « macro-mondialisation » doivent coexister avec celles de la « mondialisation quantique », représentative de phénomènes locaux, voire individuels. C'est en somme faire le pari de la confiance pour le plus grand nombre.

La décompression est un concept particulièrement adapté à l'ambition et à l'état d'esprit de nos sociétés européennes, qui ont vocation à se repositionner sans plus tarder aux avant-postes de la mondialisation grâce à un modèle démocratique, décentralisé, respectueux des équilibres et inspirant à l'échelle de la planète. Les décideurs publics et les dirigeants d'entreprise ont la responsabilité d'accompagner et d'amplifier cet objectif qui peut nous conduire, à plus ou moins brève échéance, vers une nouvelle phase de mondialisation occupant les territoires de façon plus équilibrée, respectant autant que possible l'univers naturel dans lequel elle se déploie, et permettant à une diversité d'acteurs de s'y épanouir, tout en proposant une alternative crédible à l'hégémonie des États-Unis et de la Chine, deux puissances qui ont très souvent radicalisé les principes de la mondialisation libérale du XXe siècle…

À la faveur de la crise que nous traversons depuis 2019, nous avons l'occasion de grandir collectivement et de franchir un stade de maturité supplémentaire. En nous incitant à nous affranchir des excès des dernières décennies, la « mondialisation décompressée » nous permettra, en nous appuyant sur le plus grand nombre, de nous recentrer sur l'essentiel : la quête d'un développement durable, inclusif et territorial qui servira les intérêts de la France et de l'Europe, sans cynisme ni naïveté.

CHAPITRE I

La mondialisation en surchauffe

« Un monde est en train de mourir sous nos yeux, sans que les principaux responsables de nos pays occidentaux ne s'en rendent compte. Un autre est en train de naître aux marges et non au centre du précédent, comme toujours dans l'histoire. Un monde qui n'exclut pas les paradoxes, et qui, bien au contraire, les assume : un monde où la relocalisation voisine avec la mondialisation ou le mouvement Slow Food qui, parti d'Italie, veut nous aider à retrouver le temps de vivre, alors même que le monde du numérique est un monde de plus en plus rapide. »

JEAN STAUNE, Les Clés du futur

Dans un récent essai consacré aux tensions qui affectent les démocraties libérales, le journaliste au *Financial Times* Martin Sandbu souligne à juste titre que la mondialisation est devenue une espèce de bouc émissaire : un phénomène auquel les partisans de la dé-mondialisation (altermondialistes, populistes, chantres de la décroissance) imputent tous les maux, à commencer par le creusement des inégalités et la destruction des emplois[4]. Or, bien que toutes ces critiques ne soient pas infondées, la plupart d'entre elles ont, hélas, tendance à sombrer dans la caricature. Les dénonciations récurrentes de la mondialisation ne rendent pas compte de la complexité et de la réalité de ce mouvement.

4. Martin Sandbu, *The Economics of Belonging. A Radical Plan to Win Back the Left Behind and Achieve Prosperity for All*, Princeton University Press, juin 2020.

En France notamment, où elle est trop souvent assimilée à son équivalent anglais (la *globalization*), elle finit par être accusée de tous les déséquilibres économiques et sociaux alors que nombre d'entre eux résultent davantage de la révolution technologique et de politiques intérieures inadaptées[5]. Si la « mondialisation heureuse[6] » figure parmi les utopies naïves qui ont émergé dans l'euphorie ayant suivi l'effondrement du bloc soviétique au début des années 1990, son pendant négatif n'a guère plus de sens : la « mondialisation sauvage » vilipendée par certains commentateurs ne saurait être considérée comme une notion pertinente pour analyser la situation planétaire des décennies 2010-2020. Il s'agit en quelque sorte d'un chiffon rouge que l'on agite, de façon un peu commode, en évacuant toute possibilité de discussion sur les bienfaits de l'internationalisation des échanges, de l'ouverture des frontières et de la connexion des peuples.

Un concentré de mondialisation

Un phénomène ancien…

Pour établir le bon constat, enclencher un mouvement de « décompression » et éviter la surchauffe, il est impératif de s'affranchir de ces visions simplistes en portant un regard mesuré sur la mondialisation. Que recouvre réellement ce concept qui a pris des allures de mot-valise ou d'appellation fourre-tout, au point d'être érigé en porte-étendard de polémiques plus ou moins stériles qui empoisonnent le débat public et nous empêchent d'avancer collectivement ?

5. *Ibid.*
6. Alain Minc, *La Mondialisation heureuse*, Plon, septembre 1997.

À l'échelle macroéconomique, rappelons d'abord qu'il est question d'un phénomène ancien. Sans remonter à l'Antiquité ni au Moyen Âge, avec la formation d'espaces intégrés comme la Méditerranée où s'est épanouie une véritable « économie-monde[7] », disons que c'est au tournant des XVe et XVIe siècles que la mondialisation du commerce a pris son envol. Inséparables d'une logique de conquête et des grandes découvertes, l'interconnexion des continents et « l'imbrication croissante des économies » ont connu une nouvelle phase d'expansion avec la première révolution industrielle, le développement du libre-échange et l'affrontement colonial des grandes puissances européennes en Afrique et en Asie au cours du XIXe siècle[8].

Interrompue par les deux conflits meurtriers du XXe siècle, cette dynamique d'ouverture et d'intégration a été relancée à la sortie de la Seconde Guerre mondiale, *via* les accords de Bretton Woods du 22 juillet 1944, qui ont donné naissance à la Banque mondiale et au Fonds monétaire international (FMI), et qui furent prolongés en 1947 par la création du *General Agreement on Tariffs and Trade* (GATT ; Accord général sur les tarifs douaniers et le commerce, en français) : « Au rythme de cycles de négociations s'étalant sur plusieurs années (*rounds*), les mesures adoptées dans ce cadre éliminent une série de droits de douane et d'obstacles étatiques aux échanges[9] », ce qui a coïncidé avec une diminution moyenne de 80 % des tarifs douaniers dans le monde entre 1947 et 1994.

Remplacé par l'Organisation mondiale du commerce (OMC) en 1995, le GATT symbolise bien les succès et les ambiguïtés de la dernière vague de mondialisation. Pour donner corps à

7. Concept forgé par l'historien Fernand Braudel (1902-1985) pour décrire les prémices du capitalisme et de la mondialisation.
8. Jean-Yves Huwart, Loïc Verdier, *La Mondialisation économique. Origines et conséquences*, Organisation de coopération et de développement économiques (OCDE), mars 2013.
9. *Ibid.*

l'unification du globe et étendre à un maximum d'habitants de la planète le niveau de vie des populations du Nord-Ouest, la communauté internationale et les responsables politiques ont privilégié certains vecteurs de mondialisation – comme le commerce et la finance, qui représentent les modèles les plus achevés de notre système globalisé –, au détriment d'autres aspects. Les paradigmes économiques des pays occidentaux se sont déployés à travers le cadre réglementaire de l'OMC et d'autres institutions de manière à lever un maximum de barrières, permettant à un nombre croissant d'individus d'accéder à une ressource plus abondante et à la consommation de masse. Une architecture très aboutie a été mise en place pour faciliter les échanges, la circulation des biens et celle des capitaux. Cependant, d'autres problématiques, tout aussi essentielles, ont été omises ou traitées à la marge.

La période de crise que nous traversons actuellement combine elle-même deux tendances en apparence contradictoires : d'un côté, nous semblons vivre une phase de rétraction de la mondialisation, comparable à d'autres séquences historiques, comme la veille de la Première Guerre mondiale ou les années 1930, marquées par la résurgence de tensions internationales, le retour de mesures protectionnistes et le sentiment de vivre une situation de blocage. D'un autre côté, toutefois, jamais la mondialisation n'a paru atteindre un tel degré d'achèvement dans certains domaines, notamment au travers de la financiarisation de l'économie, de l'internationalisation des flux et de l'avènement d'une logistique en réseau qui accompagne un système de production sous le sceau du « *made in world*[10] ». Presque aucun des objets que nous utilisons ou des biens que nous consommons au quotidien n'est fabriqué dans un seul pays à partir de ressources locales. Des smartphones aux voitures

10. Suzanne Berger, *Made in Monde. Les nouvelles frontières de l'économie*, Seuil, coll. « Points », mai 2013.

en passant par les pots d'une célèbre marque de pâte à tartiner, cette règle se vérifie dans tous les domaines.

Quant à la logique de domination et d'expansion des États, elle subsiste toujours au travers de la compétition économique et des outils monétaires et réglementaires dont se dotent certaines puissances pour asseoir leur hégémonie. Les États-Unis, qui ont imposé l'étalon-dollar et se servent dorénavant de l'extraterritorialité du droit comme levier de coercition[11], jouent pleinement cette carte dans la bataille qui les oppose à la Chine et à l'Union européenne. Le chercheur Ali Laïdi n'explique rien d'autre lorsqu'il affirme que « le XXIe siècle est celui qui marque le passage d'un concept essentiellement militaire de la guerre économique à son application dans le civil en temps de paix. C'est à la suite de la chute du mur de Berlin que l'expression "guerre économique" prend toute son ampleur dans la compétition économique mondiale[12] ». *A contrario*, c'est cet esprit de conquête que les Européens et les Français ont en partie abandonné : « L'Europe [...] tarde à réagir au cadre nouveau des relations économiques post-guerre froide fondées sur l'hypercompétition. Elle ne comprend pas, ou plutôt ne veut pas comprendre, que ses alliés sont aussi de redoutables concurrents commerciaux. [...] Cette Europe, bâtie sur la paix, refuse d'envisager que les marchés puissent parfois se transformer en champs de bataille[13]. » Pour elle, un nouvel art de la guerre reste plus que jamais à inventer[14].

Nous avons en effet basculé dans un univers où l'économie est utilisée par les États comme un outil au service de la souveraineté. En Europe, nous sommes en retard sur ce sujet. Les politiques

11. Ali Laïdi, *Le Droit, nouvelle arme de guerre économique. Comment les États-Unis déstabilisent les entreprises européennes*, Actes Sud, coll. « Questions de société », février 2019.
12. Ali Laïdi, *Histoire mondiale de la guerre économique*, Tempus Perrin, février 2020.
13. *Ibid.*
14. *Cf.* chapitre VII.

générales ne traduisent pas cette aspiration des citoyens. Les États européens ont du mal à se positionner face aux nouveaux rapports de force entre grands blocs mais aussi entre grandes villes (cités-États) qui sont intégrées dans un dispositif où les chaînes logistiques et l'organisation de la production créent des dépendances. Il faut sans doute trouver des mécanismes (relocalisation de la production, création de frontières européennes, etc.) pour sortir de cette ornière et reprendre la main sur notre avenir.

... à l'impact individuel très récent

Les bénéfices de cette mondialisation ont été plus tardifs à l'échelle des individus. Disons même que c'est un phénomène très récent dont nous ne connaissons ni le degré de réalisation, ni la totalité des effets positifs et négatifs. Depuis les années 1980, trois ruptures au moins ont permis aux citoyens des pays développés puis des nations émergentes de profiter de cette configuration totalement inédite dans l'histoire de l'humanité.

Premièrement, nous avons assisté à une démocratisation du transport aérien, qui est devenu un mode de déplacement universel. Au début de la décennie 1980, une minorité de privilégiés prenaient l'avion. À cette époque, « 200 heures de travail en moyenne étaient nécessaires pour traverser l'Atlantique [...]. De nos jours, une vingtaine d'heures de travail suffisent pour parcourir la même distance[15] ». Cette évolution, qui a encouragé le tourisme, la mobilité des étudiants et des chercheurs, les voyages d'affaires et toutes sortes de coopérations internationales, a aussi eu un impact profond sur notre représentation de l'espace et du temps : avant que la révolution numérique fasse voler en éclats les repères du monde

15. Jean Staune, *Les Clés du futur. Réinventer ensemble la société, l'économie et la science*, Plon, mai 2015.

d'hier, la démocratisation accélérée du transport aérien avait déjà contribué à élargir nos horizons tout en rapprochant les différents points de la planète.

Deuxièmement, la chute du mur de Berlin, l'effondrement du bloc soviétique et la fin des affrontements Est-Ouest ont précipité l'ouverture du monde et des frontières. Aujourd'hui, lorsque l'on profite des plaisirs et du bouillonnement culturel de la capitale allemande, on a du mal à imaginer le sentiment étrange qui s'emparait du voyageur occidental visitant Berlin-Ouest il y a moins de quarante ans. C'était toujours une enclave au milieu de la République démocratique allemande (RDA), un îlot de liberté dans un espace qui restait imperméable aux échanges avec l'extérieur. De nos jours, à de rares exceptions près – telles que la Corée du Nord –, ce cloisonnement a disparu. Pour chacun d'entre nous, il paraîtrait désormais inconcevable de vivre dans un univers restreint où les communications et les déplacements seraient fortement limités.

Troisièmement, la révolution des télécommunications et l'apparition d'Internet ont concouru à l'émergence du « village global » prophétisée par Marshall McLuhan dès les années 1960[16] : « Un "monde plat", laissant libre cours à la circulation des flux d'informations comme des flux économiques[17]. » Bien que cette image soit en partie idéalisée et discutable, elle rend très bien compte du changement d'expérience qu'ont vécu les individus grâce à la mondialisation technologique. La multiplication des connexions et la compression de l'espace-temps ont enrichi leurs modes de vie et leur champ des possibles. Ce n'est d'ailleurs qu'à partir de la décennie 1990 que le terme « mondialisation », « avec le succès viral que l'on connaît[18] », a été popularisé et connu du grand public.

16. Marshall McLuhan, *The Medium is the Massage. An Inventory of Effects*, Bantam Books, 1967.
17. Jean-Yves Huwart, Loïc Verdier, *op. cit.*
18. Pierre Veltz, *La France des territoires, défis et promesses*, Éditions de l'Aube, février 2019.

Une mutation globale de notre environnement économique et intellectuel

L'ensemble de ces ruptures a entraîné des effets positifs à l'échelle individuelle et collective. Après quatre décennies de mutations à grande vitesse, il existe un certain nombre de bienfaits de la mondialisation sur lesquels les populations ne seraient nullement disposées à revenir. N'en déplaise aux apôtres de la dé-mondialisation, la majorité des citoyens ne souhaite pas faire marche arrière. Ce constat vaut aussi bien pour les habitants des nations occidentales que pour ceux des pays émergents et en voie de développement qui ont joui d'une élévation générale de leur niveau de vie.

Songeons notamment à la gestion des ressources qui a été fortement améliorée, avec une optimisation des matières premières nécessaires à la chaîne de production et à l'alimentation. Sur les plans humain et matériel, cela a débouché sur d'indubitables progrès. Entre 1995 et 2015, le nombre de personnes sous-alimentées a chuté de 200 millions alors que la population mondiale augmentait de 2 milliards[19]. Quant au taux d'extrême pauvreté, qui concerne les personnes gagnant moins de 1,90 dollar par jour, il est passé de 36 à 10 % en moins de vingt-cinq ans[20]. Seule l'épidémie de coronavirus est venue inverser cette dynamique positive : « La pandémie de Covid-19 devrait plonger quelque 100 millions de personnes supplémentaires dans l'extrême pauvreté » en 2020, ce qui n'était

19. Banque mondiale, « Selon la Banque mondiale, l'extrême pauvreté continue à reculer dans le monde, mais à un rythme ralenti », *Banquemondiale.org*, 19 septembre 2018.

20. Organisation des Nations unies pour l'alimentation et l'agriculture (FAO, pour Food and Agriculture Organization of the United Nations). Précisons toutefois que cette définition de la pauvreté est depuis longtemps considérée comme imparfaite dans la mesure où elle ne rend pas compte de toutes les facettes du phénomène. Ainsi que le souligne Esther Duflo, devenue prix Nobel d'économie 2019, « dénombrer les pauvres dans le monde est une question intéressante en soi, mais je ne crois pas qu'elle nous dise quoi que ce soit du bilan de la globalisation », notamment du creusement des inégalités au sein des pays développés et de la difficulté des seules lois du marché à sortir les plus démunis des « trappes à pauvreté », *Lesechos.fr*, 1er mars 2009, « Esther Duflo : "Nous savons prouver l'efficacité de l'aide au développement" ».

plus arrivé depuis des décennies[21]. En dépit de cette régression conjoncturelle, le recul de la famine et de la misère constitue une avancée concrète permise par la mondialisation, l'augmentation de la productivité, l'échange de ressources et l'uniformisation des biens de consommation courante.

Plus généralement, l'ensemble des secteurs a bénéficié de cette libération des flux et de cet abaissement des frontières. La possibilité de se mouvoir librement a par exemple encouragé le décollage du tourisme, qui a profité du boom des compagnies aériennes *low cost*, de l'augmentation du niveau de vie moyen et de l'introduction des congés payés dans des pays comme la Chine. Freinée par la crise de la Covid-19, cette industrie du temps libre a enregistré un développement spectaculaire en un demi-siècle, les flux touristiques internationaux passant de 20 millions à 200 millions de personnes entre 1945 et 1975 puis à 1,4 milliard en 2018, avec des projections à 1,8 milliard à l'horizon 2030 selon l'Organisation mondiale du tourisme[22].

En parallèle, la circulation de l'information, du savoir, des étudiants et des chercheurs a nourri l'intelligence collective et la dynamique d'innovation de la quatrième révolution industrielle[23]. Des régions aussi différentes que la Silicon Valley, Zhongguancun (technopôle de Pékin), Bangalore, Israël ou l'Estonie sont devenues les emblèmes du foisonnement technologique qui prospère dans ce contexte. Quand bien même la civilisation digitale demeure source de pression et de déséquilibre[24], force est de reconnaître qu'elle coïncide avec une effervescence créative et intellectuelle.

21. Richard Hiault, « Coronavirus : la Banque mondiale alerte sur la remontée de l'extrême pauvreté », *Lesechos.fr*, 7 octobre 2020.
22. Philippe Lemarchand, *La Mondialisation en question. 1 000 articles pour comprendre*, Atlande, juillet 2020.
23. Klaus Schwab, *La Quatrième Révolution industrielle*, Eyrolles, janvier 2017.
24. *Cf.* chapitre III.

L'unification de la planète a également favorisé l'expression d'une conscience universelle partagée autour de thématiques comme l'écologie. En quelques années, sous la pression des organisations non gouvernementales (ONG) et des opinions publiques mondiales, cette problématique, qui restait cantonnée aux cercles scientifiques ou à une avant-garde militante, s'est invitée à l'agenda des grandes puissances. Point d'orgue de cette transformation des mentalités, la Conférence de Paris de 2015 sur les changements climatiques (COP21) a démontré que les lignes avaient profondément bougé. Bien qu'il reste d'immenses efforts à consentir face à l'urgence écologique et environnementale, un cap décisif a été franchi au cours de la dernière décennie.

Même la finance, avec ses défauts, participe à la stabilité et au dynamisme de notre édifice international. Si toutes les leçons n'ont pas été tirées de la crise de 2008, nous évoluons malgré tout dans un environnement interdépendant où les banques et le système financier sont parvenus à consolider leur modèle et à devenir plus résilients. L'existence de certaines vulnérabilités – qu'il faudra évidemment amender – ne doit pas nous faire oublier l'essentiel : « Les effets positifs de l'ouverture des frontières aux flux de capitaux. Sans la libre circulation des capitaux instaurée progressivement à partir des années 1970, les investissements étrangers, le crédit aux entreprises, la finance internationale n'auraient pas fertilisé l'industrie et le développement de nouvelles activités économiques dans un nombre croissant de pays[25]. » Corriger les excès de la finance et du laisser-faire intégral est un objectif souhaitable. Abattre la finance et en finir avec le libre-échange sont en revanche de dangereuses lubies.

25. Jean-Yves Huwart, Loïc Verdier, *op. cit.*

Les voies de la décompression

« Trilemme de la mondialisation » ou quadrature du cercle ?

Rappeler les bienfaits de la mondialisation n'exclut pas de porter un regard critique sur ce phénomène. Le tout est de placer le curseur au bon endroit afin de transformer ce qui pose réellement problème sans se priver d'une série de progrès auxquels personne n'est prêt à renoncer. Cette analyse était déjà formulée dans *L'Entreprise cerveau*, un essai composé il y a maintenant plus de cinq ans : la mondialisation a indéniablement multiplié les connexions, les communautés, les échanges et les collaborations ; elle a fait éclore un monde en réseaux, favorable à la décentralisation des *process* et des ressources, sur le modèle des calculateurs qui sont passés de l'ordinateur centralisé à l'informatique répartie[26].

Cependant, simultanément, elle n'a pas empêché l'apparition de nouvelles tensions et concentrations sur les plans culturel, économique, géographique, politique et social : homogénéisation des pratiques et des comportements au détriment de la diversité ; surpopulation urbaine des mégalopoles déconnectées de leur territoire ; concentrations des données et du pouvoir par les géants de la *tech* ; impuissance relative du politique face au secteur financier et aux acteurs du numérique ; polarisation du marché du travail, et déclassement d'une partie de nos concitoyens ; montée du communautarisme, du séparatisme et des réactions identitaires, etc. En réalité, certaines mutations ont été trop brusques et ont conduit notre système à la surchauffe. C'est un peu comme si nous cherchions à rouler à 120 km/h en restant en troisième. Faute de changer

26. Dominique Mockly, *L'Entreprise cerveau*, *op. cit.*

de braquet, nous ne nous sommes pas adaptés au nouveau terrain de jeu[27].

En outre, les enjeux auxquels nous sommes confrontés se sont complexifiés depuis la fin des années 1990. Le « trilemme de la mondialisation », théorisé à Harvard en 1997 par l'économiste Dani Rodrik, reste toujours d'actualité : pour nombre d'États, il est difficile de concilier les logiques de souveraineté nationale, le maintien d'institutions démocratiques et l'intégration à une économie globalisée[28]. On le voit parfaitement au travers de l'exemple chinois qui s'est converti au capitalisme et aux lois du libre-échange (quitte à les subvertir), a réaffirmé son indépendance dans le concert des nations, mais n'a pas renoncé à son fonctionnement autoritaire. À l'inverse, dans les démocraties européennes, la question de la souveraineté fait office de point faible et de sujet critique, beaucoup de citoyens ayant le sentiment d'être privés de la maîtrise de leur destinée commune par la globalisation. À cela s'ajoute le défi écologique, devenu incontournable, qui rend l'équation encore plus difficile à gérer dans la mesure où il entre parfois en contradiction avec les trois autres paramètres et transforme le « trilemme » en une authentique quadrature du cercle.

De ce point de vue, la dernière vague de mondialisation, couplée à d'autres mouvements comme la révolution numérique, a provoqué un certain nombre d'excès en accentuant la concentration et la compression. Plusieurs caractéristiques témoignent de cette tendance.

27. *Ibid.*
28. Dani Rodrik, *Has Globalization Gone Too Far?*, Institute for International Economics, 1997.

Accélération du temps, perte de sens et concentration des pouvoirs

Il y a d'abord l'accélération du temps et l'application de *process* industriels, comme le juste-à-temps, à toutes les dimensions de l'existence humaine. Ayant basculé dans une civilisation digitale qui est aussi une civilisation du mouvement[29] et de l'emballement, où l'hypermobilité et la rapidité sont sans cesse valorisées et encouragées, nous avons parfois du mal à prendre du recul sur le monde qui nous entoure. Même si elles sont conscientes des opportunités qui s'offrent à elles, un nombre croissant de personnes éprouvent une perte de sens face à ce nouveau cadre mental. Bien que le constat puisse être nuancé à la marge, nous assistons dans beaucoup de domaines à « une accélération générale de la vitesse des interactions sociales, dans le cadre d'une économie fonctionnant en flux tendus, s'imposant à des individus dépassés par ces mutations qui touchent leur environnement mais aussi leur identité[30] ». Ces remarques s'appliquent également aux entreprises : trop peu d'entre elles ont mis en place des modes d'organisation qui ménagent vie personnelle et vie professionnelle, pic d'intensité au travail et temps de réflexion ou de création, réponse aux contingences du court terme et création de valeur au long cours.

La perte de sens s'étend aussi aux rapports qui unissent les citoyens à la puissance publique. Comme l'économie va plus vite que les États, ces derniers semblent toujours courir derrière des événements et des mouvements de fond qu'ils ne maîtrisent pas, ce qui affecte la confiance des citoyens à leur égard. Pour s'extraire de ce cercle vicieux qui sape les fondements du politique et la légitimité des pouvoirs publics, il faudrait sans doute une séparation plus claire des prérogatives – une sorte de « laïcité

29. Alessandro Baricco, *The Game*, Gallimard, octobre 2019.
30. Philippe Lemarchand, *op. cit.*

économique[31] » – entre les sphères économiques et étatiques. L'État devrait avant tout se consacrer à la cohésion sociale, culturelle et territoriale ; en bref, à tout ce qui permet aux individus de s'arrimer à des repères face à l'accélération de leur environnement. Cela n'interdit naturellement pas d'intervenir dans le champ économique pour défendre sa souveraineté ainsi que les intérêts de ses entreprises et de sa population, mais cela suppose moins de « suivisme » et davantage d'autonomie par rapport aux schémas financiers et court-termistes.

Cette évolution paraît d'autant plus nécessaire que la concentration des pouvoirs politiques et financiers est de plus en plus forte. Le cas des Gafam, des Natu et des BATX[32] illustre à merveille ce rapprochement intrinsèque entre les deux univers. Ces plateformes sont parties à l'assaut de la planète grâce à l'accumulation de montagnes de liquidité – qui résultent tout à la fois de la spéculation des investisseurs et de politiques monétaires accommodantes – et au soutien actif (surtout dans le cas chinois) de leurs gouvernements. Tendant vers la formation de monopoles, ces sociétés captent une part croissante de la valeur au détriment d'acteurs locaux, et jouissent d'une influence gigantesque qui dépasse le seul cadre économique. Leur irruption fracassante et leur réussite éclair, typiques de l'accélération du temps, ont rendu leur régulation plus difficile.

31. *Cf.* chapitre V.

32. Gafam : Google, Apple, Facebook, Amazon, Microsoft ; Natu : Netflix, Airbnb, Tesla, Uber ; BATX : Baidu, Alibaba, Tencent, Xiaomi.

Illusion techniciste, rapport à la nature et homogénéisation du monde

Il y a ensuite notre rapport à la nature qui est longtemps resté prisonnier de vieux réflexes et de logiques héritées du fordisme, du taylorisme et du productivisme. Le développement économique des dernières décennies s'est appuyé sur le déploiement d'une « usine-monde » – dont les métropoles surpeuplées sont l'incarnation archétypale[33] – qui ne se soucie pas de son impact sur la disponibilité des ressources et qui repose sur un modèle de croissance infinie dont la soutenabilité à moyen et long terme est éminemment discutable.

L'expansion de la mondialisation, qui s'est accompagnée d'une élévation technologique sans commune mesure dans l'histoire de l'humanité, a conduit les individus et les sociétés contemporaines à croire qu'ils étaient supérieurs à la nature et qu'ils pouvaient totalement la maîtriser. Or, cette illusion techniciste ressemble de plus en plus à une impasse. De la surconsommation à l'incapacité à valoriser les externalités en passant par l'optimisation des ressources locales et des circuits courts, c'est tout notre rapport à la nature qui mérite d'être repensé.

Pour décompresser, nous avons besoin de retrouver de la diversité et de mieux prendre en compte les attentes ou les spécificités locales. Cela impose de rompre avec le paradigme de l'« usine-monde » dont l'extension s'effectue au prix d'une homogénéisation des comportements, des paysages et des villes, des méthodes de production et de management, ainsi que de l'organisation de la vie en société.

33. *Cf.* chapitre II.

Hyperspécialisation, dépendance et souveraineté

Il y a enfin l'impératif de spécialisation qui engendre des déséquilibres et des dépendances. Il n'est qu'à penser à l'hyperspécialisation de la production à l'échelle internationale. Dans le cadre de la mondialisation, la délocalisation industrielle a entraîné l'émergence de ce que l'on appelait, dans les années 2000, les « ateliers du monde », tandis qu'elle a orienté l'économie des pays occidentaux vers les services. Ces dynamiques croisées ont conduit à un phénomène de concentration de la production dans certains territoires, souvent éloignés, centralisant la quasi-totalité de la production mondiale d'un produit. Ce modèle de fonctionnement en silos place aujourd'hui des pays comme la France en situation de dépendance industrielle. La segmentation de la production diminue notre résilience, car elle limite notre capacité à produire rapidement pour subvenir aux besoins de la population. La crise de la Covid-19 ne l'a que trop bien démontré : la désindustrialisation apparaît comme une source de perte d'autonomie stratégique, puisque le tissu industriel national ne peut absorber une demande soudaine et massive, nous rendant ainsi tributaires des importations.

Le cas des masques est emblématique de ces travers. Outre les polémiques qu'il a suscitées, le manque de masques de protection illustre particulièrement le phénomène d'hyperspécialisation et ses limites en cas de crise. En effet, les stocks français de masques de protection ont été abandonnés au cours de la dernière décennie, en partie parce que les capacités colossales de production chinoise semblaient alors infaillibles. La crise de la Covid-19 révèle la vulnérabilité de ce type de modèle, qui met à mal notre souveraineté sanitaire en cas de fragilisation de l'un de nos partenaires industriels.

Malgré ces excès, il ne faut pas rejeter la mondialisation dans son ensemble, bien au contraire. Le vrai défi est de questionner certaines règles que nous prenons pour acquises afin de tirer bénéfice d'un mouvement de « décompression » qui puisse profiter au plus grand nombre. La mondialisation est non pas une fatalité qui s'impose à nous, mais une opportunité de refonder les piliers de l'ordre international. Une nouvelle étape reste à imaginer autour de valeurs comme la souveraineté, la proximité, le sens, la cohésion, la diversité, l'environnement et le rééquilibrage des forces entre le pouvoir politique et la puissance de l'argent. Tel est le défi collectif dont nous devons nous emparer sans tarder.

Le saut qui sépare la mondialisation des années 1980-2010 et celle que nous appelons de nos vœux pour la séquence 2020-2050 est comparable à ce que fut le passage de la physique classique à la physique quantique dans la première moitié du XXe siècle : une rupture dans nos modes de pensée qui nous permet de saisir que l'infiniment petit et l'infiniment grand sont indissociables l'un de l'autre, mais obéissent à des règles différentes. En l'occurrence, dans notre environnement mondialisé, les dynamiques globales, territoriales, locales et individuelles se chevauchent et s'influencent entre elles. Il serait erroné de les considérer isolément en se servant d'une seule focale. Il serait par exemple « absurde de croire que la solution de nos problèmes viendra uniquement des territoires[34] ». Comme l'atteste l'exemple relatif aux problématiques environnementales, la solution se joue à plusieurs échelles : « Les initiatives écologiques locales [...] ne remplaceront pas la nécessité d'une fiscalité du carbone et d'options énergétiques nationales et européennes claires. [...] Mais, en même temps, nous devons comprendre que la diversité des trajectoires et des inventions locales est une immense richesse. Les mutations contemporaines ne peuvent

34. Pierre Veltz, *op. cit.*

plus se gérer comme le déploiement de projets préformés, du haut vers le bas. Elles appellent des expérimentations à de multiples échelles[35]. » De ce point de vue, il faut prendre conscience que ces univers fonctionnent selon des principes qui leur sont propres. L'incompréhension et le rejet de la mondialisation résident dans le fait que le système actuel ne tient pas suffisamment compte des attentes de certaines personnes, de certains territoires et de leur ADN. Ce n'est pas en dupliquant à petite échelle ce que nous faisons à grande échelle que nous réglerons nos difficultés. Pour décompresser la mondialisation, nous devons accepter une approche plurielle des défis du temps présent.

35. *Ibid.*

CHAPITRE II

Les métropoles, trous noirs de la mondialisation ?

« Il est temps de penser les métropoles dans un cadre spatial large, inventant des relations de réciprocité avec leurs périphéries, proches ou plus lointaines. »

PIERRE VELTZ, La France des territoires, défis et promesses

Pour le voyageur qui s'éloigne du centre de New York et de son cœur verdoyant – Central Park, un écrin naturel perdu au milieu des buildings, comparable au Palais impérial de Tokyo –, le constat est saisissant : à mesure que l'on s'enfonce dans la périphérie de l'agglomération, on prend conscience de la machinerie impressionnante et époustouflante qui permet à la métropole américaine de fonctionner aussi bien. En sens inverse, on réalise à quel point tous les flux semblent converger vers la ville, comme si, à la manière d'un trou noir ou d'un ogre insatiable, elle attirait vers elle toutes les particules et les nourritures terrestres environnantes. Pour assurer son dynamisme, sa vitalité et son bien-être, New York a besoin d'être alimentée en continu, jour et nuit. La « ville qui ne dort jamais » s'appuie sur un concentré de logistique qui ne souffre d'aucun répit.

Métropoles et paradoxes de la mondialisation

« L'usine-monde », héritière des villes industrielles

New York est parfaitement représentative de ces « usines-monde » ultraconcentrées (environ 25 000 habitants/km^2 à Manhattan), comme peuvent l'être Tokyo (9 700 habitants/km^2), Londres (5 600 habitants/km^2) et même Paris qui, ceinte dans son périphérique, présente la particularité d'être l'une des métropoles de rayonnement international les moins étendues mais les plus denses de la planète (20 700 habitants/km^2). Certes, ces villes ne comptent presque plus d'usines, comme c'était le cas autrefois, à l'époque où les première et deuxième révolutions industrielles accéléraient l'exode rural et encourageaient les travailleurs à se regrouper dans un environnement urbain. Cependant, désormais s'y trouvent des « usines de cols blancs », à l'image du quartier de La Défense, où converge chaque matin une armée d'ouvriers en tailleurs et en costumes. Le décor s'est peut-être transformé depuis *Les Temps modernes* de Charlie Chaplin (1936), mais le questionnement demeure : l'existence de l'être humain ou celle du salarié contemporain ont-elles un sens dans ces espaces plus ou moins désincarnés où les cadences effrénées paraissent s'imposer aux individus, sans qu'ils aient la possibilité de respirer ou d'affirmer leur libre arbitre ?

Les métropoles actuelles, héritières des villes-usines, reprennent la logique d'industrialisation en matière d'organisation sociale. Il s'agit en quelque sorte du paradigme fordiste appliqué à la connexion des intelligences et du pouvoir… ce qui n'est pas forcément adapté à l'époque présente. Nous avons dorénavant affaire à des cités globales et reliées entre elles – les *global cities* dont parle la géographe Saskia Sassen – qui agrègent les centres d'affaires, les sièges sociaux, les fonctions de commandement, mais également les déséquilibres, les poches de pauvreté et les inégalités les plus criantes de notre écosystème mondialisé : « Si l'on considère que les villes globales concentrent les secteurs dominants du capital global mais aussi une partie grandissante de populations défavorisées – les immigrants, les femmes en situation précaire, les "personnes de couleur" (*people of color*), et, dans les mégapoles des pays en développement, les habitants de bidonvilles –, il devient évident que ces villes sont un lieu stratégique pour toute une série de conflits et de contradictions[36]. » Ce sont d'une certaine façon ces tensions et cet excès de concentration qui font des métropoles modernes l'archétype des paradoxes de la mondialisation : des lieux où prospèrent la richesse, la créativité et le progrès, mais dont la croissance exponentielle s'effectue au détriment d'autres aspects, tels que les équilibres territoriaux, la cohésion nationale et sociale, la protection de l'environnement, ou encore l'épanouissement individuel. Ces enjeux sont d'autant plus saillants que l'importance prise par ces *global cities* ne cesse d'augmenter. Outre la consécration de cités-États comme Singapour, la dernière vague de mondialisation a favorisé l'émergence de mégapoles qui disposent, pour certaines, de davantage de ressources, de puissance et d'influence que les nations.

Défis et déséquilibres de la métropolisation

Dans les pays occidentaux, le creusement des fractures entre les métropoles et leurs périphéries est aussi devenu un sujet récurrent du débat public des dernières années. Du géographe Christophe Guilluy[37] à l'essayiste David Goodhart[38] en passant

36. Saskia Sassen, « Introduire le concept de ville globale », *Raisons politiques*, 2004/3, n° 15.
37. Christophe Guilluy, *La France périphérique. Comment on a sacrifié les classes populaires*, Flammarion, septembre 2014.
38. David Goodhart, *Les Deux Clans. La nouvelle fracture mondiale*, Les Arènes, novembre 2019.

par l'économiste Pierre-Noël Giraud[39], nombreux sont ceux qui ont alerté les pouvoirs publics sur le fossé croissant entre d'un côté les populations urbaines, « nomades » et connectées, et de l'autre les « sédentaires » relégués dans les marges, qui ne se sentent pas intégrés à la mondialisation et qui rejoignent la cohorte toujours plus nombreuse des citoyens en révolte contre le « système ». Cette polarisation nourrit évidemment les pressions économiques, sociales, culturelles et politiques.

Dans les pays émergents, la donne est quelque peu différente. L'explosion de la démographie urbaine à l'horizon 2050 (68 % de citadins contre 55 % en 2020) concernera au premier chef des États africains et asiatiques où cet afflux de population posera des challenges considérables ; nous passerons alors de 4,2 milliards à 6,7 milliards d'urbains[40]. Dans ce contexte, « de nombreux pays devront relever des défis pour répondre aux besoins de leurs populations urbaines en croissance, y compris pour le logement, les transports, les systèmes énergétiques et autres infrastructures, ainsi que pour l'emploi et les services de base tels que l'éducation et les soins de santé[41] ». Il faudra notamment éviter que ces nouveaux habitants viennent grossir les bidonvilles et forment une nation de déshérités comptant environ 3 milliards d'individus. Concentrer dans des zones pauvres et mal dotées en infrastructures une telle masse de personnes conduirait inévitablement à la catastrophe. Au sein des pays émergents, la décompression est dès à présent un enjeu de survie.

39. Pierre-Noël Giraud, *L'Homme inutile. Une économie politique du populisme*, Odile Jacob, janvier 2018.

40. Grégoire Allix, « "Sur les deux milliards de Terriens en plus en 2050, la moitié vivra dans un bidonville" », *Lemonde.fr*, 27 juin 2019.

41. Organisation des Nations unies, « 2,5 milliards de personnes de plus habiteront dans les villes d'ici 2050 », 16 mai 2018. En ligne : www.un.org/development/desa/fr/news/population/2018-world-urbanization-prospects.html.

Villes et compression de l'espace-temps

Ce qui est toutefois intéressant, c'est que partout dans le monde, l'accès à la grande ville demeure une sorte de quête du Graal, un symbole de réussite, une promesse de liberté, ou une espérance associée à l'opportunité de prendre l'ascenseur social. Malgré leurs défauts, les métropoles conservent une attractivité et un pouvoir de fascination quasi intacts. Il y a sans doute à cela des explications qui dépassent le cadre économique et touchent à la culture des sociétés humaines.

Pourquoi ressentons-nous un tel besoin de nous agglutiner et de vivre les uns sur les autres ? Comme l'avait déjà pressenti le sociologue Georg Simmel au début du XXe siècle en étudiant l'effervescence de Berlin – qui était passée en moins de cinquante ans de 800 000 à 4 millions d'habitants –, la grande ville constitue le lieu par excellence de la concentration, de l'agitation et de l'accélération. C'est un espace qui répond fondamentalement aux aspirations de l'individu moderne : « La base psychologique, sur laquelle repose le type des individus habitant la grande ville, est l'intensification de la vie nerveuse, qui résulte du changement rapide et ininterrompu des impressions internes et externes[42]. » Les métropoles offrent une foule d'expériences journalières et une existence trépidante que l'on ne retrouve nulle part ailleurs.

Dans les grandes villes, la compression de l'espace-temps atteint son apogée : « Le *Lebenstempo* qui rythme la vie quotidienne de millions de citadins n'est plus celui de l'alternance du jour et de la nuit ; c'est celui de l'horloge qui trône au centre de la Bourse ou de la gare. On assiste à l'avènement d'un temps mathématique dans lequel toutes les activités humaines doivent trouver place, de jour

42. Georg Simmel, *Les Grandes Villes et la Vie de l'esprit*, Payot, coll. « Petite Bibliothèque Payot », mars 2018.

comme de nuit. Simmel remarque très justement que si les horloges de Berlin venaient à s'arrêter, ne serait-ce qu'une heure, le pays serait plongé dans le chaos[43]. » De nos jours, le même constat s'appliquerait au citadin frappé de désarroi car privé de son smartphone… Toujours pressé, l'habitant des métropoles modernes ne cesse de jongler, *via* son assistant personnel ou son agenda virtuel, entre une réunion professionnelle, un trajet en voiture de transport avec chauffeur (VTC), la commande de ses courses ou d'un plat à emporter, une soirée au restaurant et un événement culturel. Le tempo urbain, qui confine parfois à la frénésie, donne à chacun l'impression de maximiser ses expériences de vie et de profiter du meilleur de l'époque. Voilà pourquoi les grandes villes, en dépit de certains travers, gardent une telle puissance d'attraction, même si leur modèle d'organisation et les avantages qu'elles procurent sont pour partie en train d'atteindre leurs limites…

Décompresser les métropoles

Imaginer d'autres modèles urbains

Soulignons d'ailleurs que la métropolisation du globe et le primat de l'urbain correspondent à une évolution récente dans l'histoire de l'humanité. Jusqu'en 2008, nous vivions sur une planète majoritairement rurale[44]. Si l'on replace ces évolutions dans une perspective de temps long, on s'aperçoit qu'elle n'avait rien d'inéluctable. Avant l'avènement des grands États et le regroupement des individus dans des communautés rurales ou urbaines sédentarisées, ces derniers ont vécu durant des siècles, voire des millénaires, comme des nomades, au sein de sociétés qui

43. *Ibid.*
44. Source : Nations unies.

avaient trouvé d'autres formes d'organisation pour prospérer. Les chemins tortueux qui mènent à la civilisation actuelle auraient très bien pu bifurquer dans une autre direction : « La formation des premiers États et sociétés agraires de Mésopotamie s'est produite pendant une période qui représente les derniers 5 % de l'histoire humaine. Selon cette même métrique, l'ère des combustibles fossiles, qui s'ouvre à la fin du XVIIIe siècle, n'occupe que 0,25 % de notre histoire. [...] Jusqu'alors – soit pendant 90 % de la durée de la présence humaine sur Terre –, notre existence avait été celle de petites bandes de chasseurs-cueilleurs, mobiles, dispersées et relativement égalitaires[45] », où *Sapiens* n'était pas soumis aux contraintes inhérentes à la concentration (développement des maladies, exploitation des populations, pression fiscale, etc.). Même si l'homme est un « animal social » qui a besoin d'être en contact avec autrui, ainsi que l'écrivait Aristote, chacun sait que la concentration à l'excès est nuisible et qu'elle finit par entraver les désirs de l'être humain. Face aux pesanteurs des gigantesques mégalopoles, certains souhaitent goûter de nouveau aux joies du nomadisme et des grands espaces.

C'est peut-être cette aspiration à la liberté, au grand air et au desserrement des contraintes qui se manifeste chez un nombre grandissant d'individus au XXIe siècle. En France, par exemple, huit cadres franciliens sur dix veulent quitter Paris : « Sans surprise, le stress quotidien de la capitale (63 %), le coût de la vie trop élevé (57 %) et le temps de trajet (48 %) arrivent en tête des problématiques soulignées[46] » par ces personnes qui souhaitent améliorer leur qualité de vie et déménager vers des métropoles plus apaisées ou des villes moyennes. La période de confinement

45. James C. Scott, Homo Domesticus. *Une histoire profonde des premiers États*, La Découverte, janvier 2019.
46. Camille Wong, « Quitter Paris : plus de cadres franciliens passent à l'action », *Lesechos.fr*, 25 août 2020.

du printemps 2020 a « renforcé les souhaits de mobilité régionale[47] » et l'envie de tenter l'aventure loin de la capitale.

La désaffection à l'égard de Paris démontre que de plus en plus de citadins plébiscitent l'émergence de villes à taille humaine où l'on puisse retrouver une forme d'« esprit village » à l'heure du « village global ». Au moment où le perfectionnement des outils digitaux et le développement du télétravail offrent la possibilité de réoccuper l'espace[48], nombreux sont ceux qui appellent à une révolution des modes de vie urbains. C'est notamment le cas du scientifique franco-colombien Carlos Moreno, qui plaide pour un « nouveau chrono urbanisme » et le modèle de « la ville du quart d'heure » où tous les services essentiels à l'individu (santé, éducation, alimentation, loisirs, culture, travail) sont accessibles à moins de quinze minutes : « Vivre autrement, c'est avant tout changer nos rapports avec le temps, essentiellement celui de la mobilité, qui a dégradé fortement la qualité de vie par des déplacements coûteux à tout point de vue. Comment offrir aux urbains une ville apaisée en satisfaisant ses fonctions sociales urbaines indispensables ? Il est temps d'aller non plus vers l'aménagement de la ville mais vers l'aménagement de la vie urbaine. Il s'agit d'opérer une transformation de l'espace urbain encore fortement monofonctionnel, avec la ville centre et ses différentes spécialisations vers une ville polycentrique, portée par quatre composantes majeures : la proximité, la mixité, la densité, l'ubiquité, afin d'offrir cette qualité de vie dans les courtes distances, celle des six fonctions sociales urbaines essentielles qui sont : habiter, travailler, s'approvisionner, se soigner, apprendre, s'épanouir[49]. » Disposer de tous ces services primordiaux à proximité serait en effet un excellent moyen de remédier aux problèmes liés à la mobilité carbonée. Néanmoins, on

47. *Ibid.*
48. *Cf.* chapitre III.
49. Carlos Moreno, *Vie urbaine et proximité à l'heure du Covid-19*, Humensis, juillet 2020.

ne saurait considérer ce type de proposition comme une solution miracle. À terme, avec les véhicules électriques ou à propulsion hydrogène, les externalités négatives associées à l'émission de carbone ne seront peut-être plus la priorité des villes et de la collectivité. Pour décompresser les métropoles dans la durée, il faut engager une réflexion plus générale sur les équilibres territoriaux et le rôle des espaces urbains.

Déconcentrer les sièges sociaux des grandes entreprises

D'abord, les dirigeants devraient accepter d'extraire les sièges sociaux des grandes villes quand cela est nécessaire. Il faut encourager un rééquilibrage au travers de ce mouvement de déconcentration. Le but est non pas forcément de transférer 10 000 personnes d'une métropole vers une ville moyenne – l'ouverture d'une antenne avec 2 000 employés peut suffire dans certains cas –, mais de mieux répartir les centres de décision et les pôles économiques sur le territoire. Pour que ces projets aboutissent et aient du sens, il est nécessaire qu'ils soient discutés entre l'entreprise qui délocalise une partie de ses activités et la collectivité qui l'accueille. Afin d'instaurer une culture de la confiance et de faciliter cette déconcentration, il faut faire en sorte que les politiques locaux acquièrent une culture économique, et que les entreprises s'intéressent davantage à la structure sociale et aux atouts des territoires. Il est primordial de trouver la « juste mesure » avec du dialogue et de la préparation.

Le constructeur aéronautique Airbus a su effectuer cette transition en s'installant à Toulouse sous l'impulsion de son dirigeant allemand. En France, de telles initiatives mériteraient d'être encouragées dans la durée. On gagnerait à s'inspirer du maillage qui existe outre-Rhin avec des villes multicellulaires et une multispécialisation des territoires qui créent de la résilience sur les plans économique et social. Sortir de la logique de concentration et d'ultraspécialisation au sein de deux ou trois grandes métropoles nous permettrait de mieux répartir l'activité et de faire retomber la pression qui pèse sur des villes comme Paris. Ce serait une formule gagnant-gagnant.

Créer des liens et des connexions entre les métropoles et les territoires

Cependant, il faudra évidemment aller plus loin. En France comme ailleurs, la première difficulté réside dans les déséquilibres et les fractures entre les métropoles et leurs périphéries, qu'elles soient urbaines ou rurales. Tout l'enjeu est de recréer du lien, de la continuité et des connexions entre ces différents espaces : « La question principale est celle des relations et des complémentarités entre [...] territoires. S'agissant des grandes villes, en particulier, il vaudrait mieux les considérer comme des pôles d'appui et de services dans un tissu territorial continu et ouvert que comme les "locomotives" d'un développement dont elles seraient les seules forces vives. Cette image ferroviaire fréquente n'est pas seulement paternaliste, elle est fausse[50] », dans la mesure où elle relègue les banlieues, la ruralité, les villes moyennes ou ce que l'on appelle communément la « province » – un terme qu'il serait bon de proscrire de notre langage courant – à un rôle subalterne, comme si ces espaces avaient seulement vocation à suivre le mouvement, tels les wagons d'un train, et qu'ils ne recelaient aucune force motrice en leur sein.

En réalité, c'est tout le contraire : « Nos territoires sont traversés par mille fils tendus entre eux, qui les solidarisent. Plutôt

50. Pierre Veltz, *op. cit.*

que de souligner sans cesse nos divisions, nous devrions prendre appui sur ces forces d'intégration, largement sous-exploitées. La valorisation des complémentarités entre les grands pôles urbains et les périphéries moins denses est, en particulier, un enjeu essentiel. Pensons par exemple aux liens en matière de services écologiques, de gestion des énergies, de l'eau, de la biodiversité. Pensons, autre exemple, aux connexions qui pourraient se créer entre nos jeunes entrepreneurs urbains du Net [les commerces et les PME tétanisés] par la nécessaire conversion numérique, ou encore les populations rurales en attente de solutions innovantes pour la santé ou la mobilité[51]. » Ce sont ces énergies qu'il importe de renforcer afin de créer un continuum, pas seulement physique, entre les villes et les campagnes. Nous pouvons créer davantage de valeur si nous renonçons à une approche compartimentée (ou en silos) du territoire, et surtout, si nous cessons de considérer la « province » et les espaces périurbains ou ruraux comme des zones de second plan. Il n'est qu'à songer au cas de la Vendée, qui affiche une excellente santé économique et un taux de chômage parmi les plus bas du pays grâce à son tissu de petites et moyennes entreprises (PME) familiales qui parviennent à concilier ancrage local, valorisation des atouts agricoles, ambition industrielle, attraction touristique et aptitude à briller dans la mondialisation.

Cette réflexion élargie sur les connexions territoriales vaut également pour les territoires d'outre-mer et leurs rapports avec la métropole. Marqués par de fortes inégalités, ces départements et ces collectivités souffrent de leurs relations de dépendance vis-à-vis de l'Hexagone. Pour dynamiser les territoires ultramarins, il conviendrait de leur appliquer la stratégie des « petits pays » qui n'affichent une excellente santé que lorsqu'ils sont tournés vers le développement d'un avantage concurrentiel incontournable

51. *Ibid.*

sur les plans académique et technologique tout en se servant de leur culture et de leur géographie comme des valeurs de cohésion. Ce sont des éléments dans lesquels la Suisse, Israël et Singapour puisent leur force. Dans les territoires d'outre-mer, il y a de réelles compétences à construire sur place autour du maritime, de l'agriculture et de l'écologie, qui constituent des chantiers d'innovation d'avenir et des relais de croissance pour la France.

Revitaliser les territoires et valoriser la « juste échelle » : le courage de la confiance

Malgré la forte tradition jacobine et centralisatrice de la France, il est capital de changer de logiciel. Prenons conscience que les territoires sont un levier essentiel de la compétitivité du pays et de son attractivité. Par leur diversité, leur résilience et leur capacité d'innovation, ils sont le ciment de notre tissu économique et le moteur de la transition écologique en cours. Il est crucial de leur faire confiance et de reposer la question de l'articulation entre le local et le national pour tirer tout le parti de leur énergie. Les fondements de l'Union européenne doivent, à cet égard, nous inspirer : la reconnaissance de tous les acteurs et de tous les échelons – au nom du principe de subsidiarité – permet un marché intégré et une concurrence saine entre ces acteurs, qui crée une émulation positive.

Dans ce contexte, le projet de loi « décentralisation, différenciation et déconcentration » s'inscrit dans une démarche favorable à une relance et à une réindustrialisation durables de notre pays, en tirant pleinement parti des nouveaux modes de collaboration et en attribuant des aides publiques au plus près des besoins de chacun. La crise de la Covid-19 a démontré que le renforcement des pouvoirs des territoires ne pouvait plus passer au second plan : bien au contraire, elle doit ouvrir le débat sur une nouvelle autonomie de nos régions et sur une approche différenciée des politiques publiques selon les territoires. Si l'État est l'acteur qui fixe le cap, les territoires doivent être libres dans la mise en œuvre des stratégies nationales, tout comme peuvent l'être les entités régionales d'une organisation vis-à-vis de leur siège social. En la matière, ayons le courage de la confiance ! Dans les rapports entre les territoires et l'autorité centrale, nous avons besoin d'un renversement de la confiance organisationnelle, sur le modèle de ce qui existe dans certaines entreprises, lorsque la pyramide est inversée en donnant du pouvoir au terrain.

Depuis plusieurs années, on observe que la grande échelle des systèmes, politiques comme industriels, peut constituer un frein à leur efficacité. À rebours des théories dominantes des Trente Glorieuses, Leopold Kohr écrivait déjà en 1957 que « la taille excessive apparaît comme le seul et unique problème imprégnant toute la création. Partout où quelque chose ne va pas, quelque chose est trop gros[52] ». D'autres théoriciens, comme Ernst Friedrich Schumacher et Olivier Rey, ont eux aussi exploré les limites de la taille des organisations, pour souligner l'importance des acteurs et entités évoluant à petite échelle, ainsi que leur aptitude à conduire de grandes réalisations : le « *Small is Big* » reste une règle fructueuse de l'économie mondialisée[53].

Ce sont des principes qu'il faut conserver en mémoire afin de comprendre que les entreprises sont au service des territoires et peuvent contribuer à la décompression des espaces urbains. Les infrastructures déployées sur tout le sol français par les organisations implantées en région participent à la vitalité et à l'énergie des territoires. Pensées au-delà de leur strict champ d'action, elles

52. Leopold Kohr, *The Breakdown of Nations*, Routledge, 1957.
53. Ce principe était déjà développé dans mon précédent ouvrage, *L'Entreprise cerveau*, *op. cit.*

améliorent la qualité de vie de tous, et accélèrent l'adaptation des territoires aux enjeux du monde de demain. Les réseaux énergétiques sont notamment des facteurs essentiels de connexion du territoire, et des viviers de solutions innovantes pour réussir la transition écologique. Les externalités positives du biométhane, par exemple, ne se limitent pas au circuit énergétique, mais suscitent une émulation économique et sociale bénéfique pour tous les acteurs d'un tissu local.

Penser les smart cities *par-delà l'enjeu technologique*

En somme, ne nous trompons pas de combat. Plutôt que de densifier en permanence les zones urbaines et de faire des métropoles les « locomotives » de la mondialisation, réinvestissons les villes moyennes, et apprenons à valoriser les espaces ruraux et périurbains grâce aux nouveaux outils digitaux dont nous disposons. Dans un pays comme la France, l'objectif n'est pas de ressusciter les villes nouvelles – une lubie des années 1960 qui s'est soldée par un relatif échec – dans un format 2.0, ou de reproduire ce que font certaines nations avec la construction de *smart cities* comme Songdo (Corée du Sud) ou Masdar (Arabie Saoudite).

La priorité consiste non pas à bâtir d'autres métropoles, mais à réoccuper l'espace pour transformer les villes existantes en cités réellement « intelligentes ». Nous n'avons pas besoin de villes bardées de gadgets technologiques ou peuplées de taxis volants, mais bien d'espaces urbains où les innovations numériques sont mises au service de l'inclusion sociale, du bien-être individuel, de la compétitivité des PME, de l'attractivité des territoires, de la création d'emplois et de synergies renforcées entre les pôles métropolitains et les espaces qui gravitent (de manière connectée mais autonome) autour d'eux.

CHAPITRE III

Les lois de l'attraction digitale

« Au lieu de nous demander quel sera sur nous l'impact de la technologie, il faudrait plutôt se demander ce que nous entendons en faire. Plus que jamais, ce qui compte, c'est de réfléchir profondément à ce que nous voulons. Parce que nous avons plus de pouvoir et plus de choix, nos valeurs importent plus que jamais. »

ERIK BRYNJOLFSSON, ANDREW MCAFEE, Des machines, des plateformes et des foules

Quand nous parlons des nouvelles technologies et de la quatrième révolution industrielle, nous sommes confrontés à un paradoxe central : la digitalisation est un processus qui nous offre des instruments de décompression d'une puissance inégalée, mais la façon dont elle se déploie engendre de l'hyperconcentration, et accentue les tensions à tous les niveaux. En effet, sur le papier, le numérique est un formidable vecteur de connexion qui permet l'avènement de structures décentralisées où les petites entités et les individus acquièrent davantage de pouvoir que les « silos » et les organisations pyramidales. Cette philosophie constitue en quelque sorte l'ADN de notre civilisation digitale qui privilégie les fonctionnements en réseau sur les approches trop centralisées.

Un certain nombre d'innovations en cours restent fidèles à cette promesse. Il n'est qu'à penser au *bitcoin* et à la *blockchain* qui reposent sur une gouvernance distribuée et démocratique facilitant les échanges et rendant les transactions infalsifiables : « Le *bitcoin* montre qu'il est possible de décentraliser totalement les communautés et révèle toutes les potentialités qui peuvent en découler. En combinant des mathématiques (de la cryptographie), de l'économie, du code et des réseaux, on peut créer quelque chose d'aussi crucial et fondamental que la monnaie[54]. » Il en va de même avec la *blockchain*, qui encourage l'apparition de contrats intelligents jouant le rôle de tiers de confiance et offrant plus de flexibilité aux parties prenantes. Bien que le potentiel de ces technologies demeure incertain, elles s'inscrivent dans un courant de pensée et des modes de fonctionnement qui rompent avec les logiques du monde d'hier. On retrouve, sous une forme plus élaborée, ce qui s'était déroulé au moment de la première vague informatique, quand nous sommes passés des gros calculateurs centraux à une myriade d'unités décentralisées et à la décompression des systèmes d'information.

La décompression digitale, promesse inachevée ou rêve impossible ?

Pourtant, en élargissant son champ de vision, on s'aperçoit que ce rêve de décompression digitale ne s'est pas concrétisé comme il l'aurait dû. *A contrario*, ces dernières années se sont plutôt caractérisées par une augmentation des phénomènes de concentration et une pression accrue sur les équilibres collectifs et individuels. Offrons-en au moins trois exemples.

54. Erik Brynjolfsson, Andrew McAfee, *Des machines, des plateformes et des foules*, Odile Jacob, mars 2018.

Le règne des mastodontes du numérique est-il inéluctable ?

Premièrement, l'irruption des Gafam, des Natu et des BATX a consacré le règne de plateformes gigantesques dont l'appétit et la croissance semblent inextinguibles. À l'échelle mondiale, une poignée de groupes fournissent et contrôlent la « matière première » numérique (systèmes d'exploitation, moteurs de recherche, canaux du commerce en ligne, exploitation de la *data*, *cloud computing*, etc.), ce qui leur assure une nette domination sur le marché et pose la question de leur régulation par les États[55]. Nous avons affaire à un nombre restreint d'acteurs qui ont tendance à absorber ou racheter les innovations émergentes, à l'instar de Facebook qui a mis la main sur les applications Instagram et WhatsApp pour tuer dans l'œuf la concurrence et asseoir l'hégémonie de sa marque sur les réseaux sociaux.

L'environnement actuel, où prévaut la loi du *winner takes all* (« le gagnant prend tout », en français), favorise la constitution de monopoles et la concentration de l'écosystème numérique autour de quelques mastodontes qui captent toujours plus de valeur au détriment des producteurs de biens et de services locaux. Symboles des excès de la mondialisation digitalisée, les Gafam, les Natu et les BATX adressent un véritable défi à nos sociétés. Même les États-Unis, dont sont issues la majorité de ces multinationales, songent depuis quelques années à les soumettre à la législation antitrust.

À l'avenir, il n'est donc pas exclu que ces grands agrégateurs se territorialisent davantage et subissent plus de pression de la part des États, sous l'effet d'une double contrainte. D'abord, les pouvoirs publics souhaitent de plus en plus fiscaliser l'activité de ces groupes transnationaux en taxant la valeur créée sur place et

55. *Cf.* chapitre VIII.

l'usage des consommateurs. Ensuite, les infrastructures de télécommunications et les autoroutes de l'information renvoient directement à des enjeux de souveraineté, de dépendance et de sécurité d'approvisionnement. Dès lors, au regard de la dimension stratégique de la « matière première » digitale, les Européens pourraient être incités à créer leurs propres plateformes et à contrebalancer l'influence des entreprises sino-américaines. Si ces sujets sont loin d'être tranchés, il est certain qu'ils figureront en bonne place dans l'agenda des décideurs durant la décennie à venir.

La polarisation du marché du travail aggravera-t-elle les fractures ?

Deuxièmement, les progrès de la robotique, des dispositifs automatisés et de l'intelligence artificielle ont alimenté la polarisation sur le marché du travail entre salariés hautement qualifiés et main-d'œuvre bon marché : « La croissance des professions à bas salaires provient du fait que les ordinateurs n'ont que peu influencé la demande de ce type de travail qui est composé en grande partie de tâches manuelles non routinières. Bien que simples à effectuer pour du travail humain, les tâches manuelles non routinières réclament de la flexibilité difficile à fournir pour une machine. Ce besoin de flexibilité provient de la nécessité de travailler dans des contextes qui évoluent en permanence, de faire preuve de capacités de reconnaissance visuelle ou d'avoir des interactions interpersonnelles[56]. » Cette évolution s'est effectuée au détriment des emplois intermédiaires et de la classe moyenne des pays occidentaux, laquelle a été frappée de plein fouet par la digitalisation, plus sans doute que par la mondialisation elle-même…

56. Gregory Verdugo, « La polarisation des marchés du travail », *Ses.ens-lyon.fr*, 25 août 2020. En ligne : ses.ens-lyon.fr/articles/la-polarisation-des-marches-du-travail.

Ces dernières années, le débat public a été émaillé par de multiples controverses universitaires et journalistiques[57] sur l'impact de cette révolution et la destruction d'emplois engendrée par le progrès technologique, certains allant même jusqu'à annoncer « la fin du travail[58] ». Pour le moment, force est de constater que cette prophétie apocalyptique ne s'est pas concrétisée. Le remplacement de l'être humain par les robots et l'intelligence artificielle appartient toujours au domaine de la science-fiction.

En revanche, la polarisation du marché du travail reste bien un défi de taille pour la cohésion des pays développés. Si nous laissons les inégalités salariales et sociales se creuser, nous irons inévitablement vers une aggravation des crises et des tensions qui affectent nos démocraties. Nous n'éviterons sans doute pas la disparition d'emplois liés aux tâches administratives et répétitives correspondant à la gestion et au contrôle. Ces dernières épousent en effet des *process* automatisés où la valeur ajoutée humaine est plus faible, et où la rapidité des machines se révèle chaque jour plus performante.

Les entreprises ont d'ailleurs commencé à comprendre tout l'intérêt qu'elles ont à revaloriser les métiers des « oubliés du digital » que sont les cols bleus. Elles peuvent notamment reconnecter à la relation client ceux qui travaillent en première ligne et sur des tâches productives. En général, ces employés possèdent une expertise et des connaissances précieuses dont il serait idiot de se priver : ils peuvent faire passer des messages à leur direction, car

57. Pensons par exemple à la célèbre étude de 2013 estimant que 40 à 50 % des emplois du monde occidental disparaîtraient à l'horizon 2030 : Carl Benedikt Frey, Michael A. Osborne, « The Future of Employment. How Susceptible Are Jobs to Computerisation? », Oxford Martin School, septembre 2013. En ligne : www.oxfordmartin.ox.ac.uk/downloads/academic/The_Future_of_Employment.pdf?link=mktw.

58. C'est d'ailleurs ce qui faisait dire en 2012 au célèbre futurologue américain Ray Kurzweil qu'« avec un smartphone, un enfant africain a aujourd'hui accès à plus d'informations que le président des États-Unis il y a quinze ans ». Cité par Erik Brynjolfsson, Andrew McAfee, *op. cit.*

ils ont une meilleure sensibilité des désirs du consommateur et des problématiques de terrain. Les outils numériques leur donnent la possibilité de faire remonter l'information et de communiquer à leurs managers des éléments qui passent sous les radars traditionnels de l'entreprise. De la même façon, les personnes qui œuvrent sur les chaînes de distribution et de logistique reçoivent un renfort croissant du digital qui peut améliorer leurs conditions de travail et leur offrir un sas vers des postes plus qualifiés.

Sans compter que les prochaines années seront à coup sûr marquées par l'émergence de missions dont nous ignorons encore l'existence ! Nul n'est capable de prédire quels seront les nouveaux emplois de 2030 ou de 2050. Sous réserve d'utiliser à bon escient les innovations technologiques les plus récentes et de démocratiser leur utilisation vers toutes les strates de l'entreprise, nous avons l'opportunité de rendre le marché du travail moins polarisé qu'il l'est actuellement.

La crise de l'attention nuira-t-elle à l'individu ?

Troisièmement, au niveau individuel, d'authentiques interrogations subsistent sur les effets cognitifs de la digitalisation. Si tout le monde s'accorde à dire que le numérique a élargi nos horizons, multiplié les sources d'accès à l'information et enrichi notre savoir, de nombreuses voix s'élèvent pour nous mettre en garde contre les conséquences d'une exposition permanente aux écrans et à des dispositifs dont nous ne sommes maîtres qu'en apparence. De la perte totale d'attention mise en lumière par le journaliste Bruno Patino dans son best-seller *La Civilisation du poisson rouge*[59] à la baisse du niveau scolaire soulignée par le

59. Bruno Patino, *La Civilisation du poisson rouge. Petit traité sur le marché de l'attention*, Grasset, septembre 2019.

docteur en neurosciences Michel Desmurget dans *La Fabrique du crétin digital*[60], un discours de plus en plus critique se développe autour des aspects négatifs de notre environnement numérique. Il arrive même que ces avertissements surgissent ironiquement là où on les attend le moins : récemment, un documentaire diffusé par Netflix – plateforme réputée pour inciter les individus au *binge-watching* (visionnage boulimique de séries) –, *The Social Dilemma* (*Derrière nos écrans de fumée*, en français), alertait les spectateurs sur les dangers qui accompagnent notre addiction aux réseaux sociaux et aux applications digitales.

Bien que ces mises en garde soient parfois excessives ou empreintes de dramatisation, elles ont le mérite de toucher du doigt de réelles problématiques auxquelles font face les organisations et leurs salariés. Par exemple, comment sortir de la logique de l'urgence liée aux e-mails et aux SMS ? Les messageries, qui étaient déjà considérées comme des outils chronophages dans le cadre professionnel, sont désormais transférées vers des réseaux sociaux d'entreprise : cela nous donne un accès à l'information énorme, tout en multipliant le temps que nous y consacrons. Le problème, c'est que ces instruments ne transmettent que très rarement de véritables urgences ou priorités. Ils nous alignent sur le tempo des autres, ce qui crée une forme de frénésie et d'emballement.

Comme l'a très bien démontré l'anthropologue Stefana Broadbent, le smartphone, les réseaux sociaux, les messageries instantanées, les e-mails et les autres moyens de communication sont cumulatifs, chacun remplissant un rôle spécifique en fonction du type de correspondances que nous entretenons et de la nature de nos interlocuteurs ; ils ont ainsi tendance à prendre de plus en plus

60. Michel Desmurget, *La Fabrique du crétin digital. Les dangers des écrans pour nos enfants*, Seuil, août 2019.

de place dans nos existences[61]. En outre, il est illusoire d'essayer de séparer ce qui relève du domaine privé et du monde professionnel, le mélange entre ces deux sphères allant *crescendo*. Que l'on s'en réjouisse ou qu'on le regrette, il s'agit d'un mouvement de fond qui complexifie la possibilité de dissocier ces deux univers[62].

Admettons-le : il n'existe sans doute pas de solution miracle pour se prémunir des écueils du digital sans renoncer aux bénéfices qu'il nous apporte. Le principal enjeu réside surtout dans notre aptitude collective à transformer ces technologies en outils de décompression, et à renouer avec les perspectives de décentralisation et de déconcentration qui ont toujours été la matrice de la révolution informatique et numérique.

Renouer avec l'esprit libérateur de la révolution numérique

Au cours de la prochaine décennie, la digitalisation ne tiendra ses promesses qu'à condition d'être mise au service de l'individu, de la société et de l'entreprise. Nous devons prendre du recul vis-à-vis de certaines innovations et du culte de la disruption. La technologie ne saurait être considérée comme une fin en soi. À condition de reprendre la main sur un tournant numérique que nous commençons enfin à apprivoiser, nous pouvons imaginer une foule de solutions pour faire du digital une source de progrès dans tous les domaines.

61. Stefana Broadbent, *L'Intimité au travail. La vie privée et les communications personnelles dans l'entreprise*, FYP Éditions, février 2011.
62. *Ibid.*

Miser sur le développement du télétravail et de formes d'organisation alternatives

C'est notamment le cas pour les modes d'organisation du travail. Dans la vie de tous les jours, le digital est souvent plus performant que dans les entreprises, ce qui oblige ces dernières à proposer à leurs employés des services et des applications aussi faciles à prendre en main que ceux qu'ils utilisent dans leur existence quotidienne. En outre, avec la généralisation du Wi-Fi et de la 4G (bientôt de la 5G), les organisations disposent de systèmes d'information et de moyens de communication qui stimulent le travail à distance et qui permettent de décompresser la relation avec les lieux professionnels.

Les épisodes de confinement imposés par l'épidémie de coronavirus l'ont prouvé : il est désormais plus aisé de déployer le télétravail, même si la démarche demande un accompagnement des managers et des salariés. La rapidité avec laquelle certaines organisations se sont converties au « distanciel » démontre que les technologies numériques arrivent à maturité, aussi bien en entreprise que chez les particuliers, ce qui ouvre la voie à d'autres façons d'envisager l'environnement professionnel.

Le télétravail incite surtout à repenser complètement le travail en commun et la temporalité de chaque tâche. Alors qu'une partie des missions demandent de la concentration et obéissent à un exercice solitaire – donc un cadre serein que l'on trouvera plus facilement chez soi –, d'autres sont propices à l'échange et à des retrouvailles pour partager des objectifs, des idées ou une vision. Les bureaux restent un lieu incontournable pour harmoniser les points de vue et la stratégie tout en assurant la cohésion des équipes. En fait, le développement du télétravail encourage les entreprises à imaginer une meilleure répartition des tâches et à réfléchir à différentes échelles temporelles : il faut que les salariés puissent se créer une bulle quand cela est nécessaire ; en parallèle, il est utile, lorsque tout le monde est présent dans l'entreprise, de consacrer plus de temps aux débats, à l'adhésion des collaborateurs à un projet et aux moments de créativité collective.

Si le télétravail décompresse l'espace, il le fait aussi pour le temps et l'esprit. À la manière de l'informatique d'autrefois, qui chamboulait tous les modes de travail et invitait à remettre à plat le fonctionnement de l'entreprise, le travail à distance ne peut être optimal que si l'on accepte de modifier les méthodes et les réflexes de management traditionnels. Le stress vécu par une frange non négligeable des salariés durant les périodes de confinement atteste bien cette difficulté : certains employés avaient peur de se comporter différemment et de réorganiser leur temps en changeant de contexte, alors même que la situation se prêtait parfaitement à une adaptation de leur planning et à de nouvelles habitudes.

En fait, le télétravail remet en cause la façon dont l'entreprise transmet le savoir nécessaire à ses collaborateurs, qu'il s'agisse du *e-learning*, de formations digitales en amont, de modules et d'applications pour apprendre à s'organiser, etc. C'est un aspect qu'il convient de ne pas mésestimer : « Le travail à distance sans organisation préalable limite la dynamique du groupe, du moins telle qu'elle existait jusqu'alors. On sait combien les interactions contribuent à maintenir la cohérence des rôles au sein d'une équipe[63]. » À ce titre, « le télétravail nécessite de revoir la dynamique de groupe, et probablement de redistribuer les rôles managériaux en fonction des nouvelles compétences nécessaires. Les aptitudes technologiques, tout comme les capacités

63. Mathias Baitan, Audric Mazzietti, « Le management de proximité à l'épreuve de la distance », *Harvard Business Review France*, 12 juin 2020. En ligne : www.hbrfrance.fr/chroniques-experts/2020/06/30474-le-management-de-proximite-a-lepreuve-de-la-distance/.

de motivation intrinsèque et la malléabilité cognitive, forment désormais un nouveau moteur de leadership. Les formations en management de proximité doivent désormais adapter leur offre à ces nouvelles dynamiques de groupes virtuels qui vont prendre de plus en plus de place dans nos vies professionnelles[64] ». Il y a là un vrai sujet d'avenir pour les organisations : l'utilisation du levier numérique comme champ d'optimisation individuelle et collective en matière de compétences et de formation continue.

La problématique est également culturelle. Dans les grandes entreprises et les gros services, il existe une réticence à déconcentrer l'espace professionnel et à abandonner le « présentiel ». Beaucoup de managers sont mal à l'aise avec le contrôle à distance. De plus, les syndicats sont fréquemment hostiles à l'individualisation des situations et des trajectoires dans la mesure où elle pourrait réduire leur influence. Là encore, la question de la confiance se révèle primordiale : pour déployer le télétravail à une plus vaste échelle, il faudrait sans doute réduire la taille des équipes et favoriser un management de proximité qui permette de desserrer les contraintes tout en gardant de la cohésion.

On retrouve ici des principes élémentaires de la physique et de la chimie. Des particules uniformément réparties et disposant d'un espace suffisant sont soumises à moins de pression ou de tension que les agglomérats concentrés, ce qui rend les systèmes plus stables, plus fiables et plus efficients… Cette déconcentration est entre autres au fondement de l'efficacité militaire. Les sections, qui forment l'unité de base et comptent une vingtaine de personnes, occupent le terrain avec une structure qui a vocation à travailler à distance, mais elles peuvent à tout moment se regrouper en compagnies et en régiments.

64. *Ibid.*

Dynamiser les territoires grâce à l'usine 4.0 et la fabrication additive

On ne le répétera jamais assez : le digital abolit notre rapport aux distances en permettant de mieux occuper l'espace, lequel perd de son importance en tant que tel. En théorie, la révolution numérique contribue à déconcentrer les lieux commerciaux, les plateformes logistiques, les chaînes décisionnelles et les centres financiers. En outre, elle confère à chacun un accès illimité au meilleur – ou au pire – du Web. Il n'est plus nécessaire d'être riche pour bénéficier de technologies d'excellence ; les coûts d'entrée sont plus faibles pour tous ceux qui souhaitent développer une application dans le *cloud* depuis leur territoire, sans avoir à investir dans l'acquisition de matériel de pointe, ni à payer de fortes sommes pour l'approvisionnement, la maintenance, l'installation, la licence de logiciel, etc.

Ce mouvement de déconcentration s'applique dorénavant aux ressources et aux matières premières elles-mêmes. Pensons par exemple à la simulation numérique qui permet de développer et valider des concepts sous forme de maquettes digitales. À l'ère de l'industrie 4.0, la décentralisation et l'éclatement des lieux de conception et de production sont plus que jamais de mise. Avant, tous les bureaux d'études et de procédés étaient colocalisés avec les ateliers de fabrication. Maintenant, on peut imaginer le design et les gammes de fabrication à distance, et ainsi déconcentrer une partie de l'usine. C'est tout l'intérêt d'innovations comme l'imprimante 3D et la fabrication additive qui suppriment « la nécessité de passer par de grandes usines et par leurs équipements spécialisés » offrant à chaque individu ou chaque entité de petite taille l'opportunité « de fabriquer un grand nombre de choses[65] ». De même, avec la 5G, il est envisageable de surveiller les sites de production

65. Erik Brynjolfsson, Andrew McAfee, *op. cit.*

à distance et d'amener de l'information sur place sans être présent, ce qui devrait pousser les entreprises à réimaginer la gestion de l'espace en fonction des employés, des ressources disponibles et des compétences. Ces procédés sont déjà présents dans le monde de l'agriculture où « les grandes exploitations [...] ont pu être remplacées par des micro-conteneurs surveillés et contrôlés de façon précise[66] », ce qui va dans le sens d'une approche décentralisée.

Cette déconcentration des flux physiques et humains grâce au digital peut *in fine* déboucher sur un repeuplement et une revitalisation des territoires. En basculant dans l'ère de l'usine 4.0 et de la fabrication additive, nous entrons dans un univers où les entreprises de taille intermédiaire (ETI) et les PME qui s'appuient sur un réseau d'« acteurs performants[67] » et des ressources locales leur apportant un avantage compétitif peuvent capitaliser sur l'industrie du futur. Ces structures possèdent la capacité de se mettre au service d'une économie circulaire et territoriale qui s'inscrit pleinement dans les défis actuels et à venir : transition écologique et énergétique, valorisation des déchets et du recyclage, création de synergies entre l'agriculture et l'industrie, etc.

Mettre les capacités de calcul des machines au service de la décentralisation

Toutes ces perspectives sont d'autant plus crédibles que nous pouvons dorénavant mettre les capacités de calcul exponentielles des machines au service de la décentralisation et pas seulement de la rapidité. Pour sortir de l'accélération et de la frénésie, nous devons changer de regard sur la performance en considérant que

66. *Ibid.*
67. « Industrie 4.0 : nouveau levier de développement pour les territoires ? », *Futuribles*, atelier Vigie Territoires, 28 novembre 2018. En ligne : www.futuribles.com/media/uploads/industrie_4_0_support_atelier.pdf.

celle-ci ne se situe pas uniquement dans la vitesse, mais aussi dans l'endurance et la résilience. Quand Usain Bolt court le 100 mètres en 9 secondes et 58 centièmes, nous applaudissons à juste titre un exploit historique. Cependant, quand le Kényan Eliud Kipchoge flirte avec la barre des deux heures sur le marathon, il s'agit également d'une performance admirable qui force le respect. Pourtant, cette dernière est moins médiatisée, car elle n'épouse pas les standards et le culte de la vitesse pure propres à notre époque.

Il existe au fond deux façons de considérer l'effort : l'une centrée sur le court terme, l'autre sur la durée. Dans notre relation à la civilisation digitale, nous sommes fortement marqués par l'influence de la loi de Moore et le doublement régulier des capacités de calcul des processeurs censé nous permettre d'aller toujours plus vite. Nos usages les plus courants sont eux-mêmes guidés par cette recherche de gain de temps : commander en un clic, être livré dans les vingt-quatre heures, réserver un VTC ou un taxi dans les deux minutes, obtenir une information ou une réponse de manière quasi instantanée, etc.

En somme, tout concourt à ce que nous fassions du digital un instrument au service de l'accélération permanente. Cela comporte évidemment des effets positifs sur lesquels nul n'entendrait revenir… sauf à consentir une forme de régression. Cependant, nous nous en trouvons peut-être aveuglés vis-à-vis d'autres opportunités et moyens d'exploiter la vague de progrès technologique à l'œuvre.

Songeons par exemple aux défis posés par le *cloud computing*. Pour un fournisseur de services, déployer un système global est plus rentable. En effet, « un *cloud* distribué, à travers lequel les ressources IT [technologies de l'information] sont réparties sur des milliers, voire des millions de terminaisons réseau, se révèle par définition nettement plus complexe à opérer qu'un *cloud* centralisé[68] ». Cela explique que la plupart des géants concentre l'essentiel de l'offre entre ses mains. Ce modèle n'est pas sans inconvénients : il consomme une énergie et des ressources colossales dans les *data centers* ; il peut provoquer des pannes systémiques dont le coût serait astronomique. Sur le long terme, ce ne sont pas forcément les solutions les plus intéressantes.

Pour remédier à ces travers, de plus en plus de start-up, dont la jeune pousse lyonnaise iExec, travaillent sur des alternatives et une mise en commun de la puissance de calcul des ordinateurs de leurs utilisateurs pour créer un *cloud* décentralisé. Ces architectures plus déconcentrées et locales reposent, à l'instar de la *blockchain* et du *bitcoin*, sur une meilleure répartition des efforts et des ressources, ce qui devrait mécaniquement provoquer une baisse des coûts et une plus grande résilience. À cet égard, tout indique que le *cloud* de demain sera à la fois global et local. Nous aurons toujours besoin de gros acteurs garantissant des performances numériques fiables pour la mise à disposition d'infrastructures solides et réparties pour le stockage et l'échange de données, mais nous verrons de plus en plus d'entités régionales parties de ce réseau global, assurant des services et des besoins complémentaires pour les entreprises (sécurité de l'hébergement, optimisation de l'énergie et des coûts, etc.) et capables de fonctionner si besoin dans des modes dégradés. Dans le digital comme ailleurs, l'heure sera à la décentralisation et à la diversité des acteurs. Il y a fort à parier que les grands acteurs actuels seront les instigateurs de ce mouvement, car leur survie en dépend.

68. Antoine Crochet-Damais, « Cloud décentralisé : l'utilisateur devient fournisseur… et les prix chutent », *Journal du Net*, 4 avril 2018. En ligne : www.journaldunet.com/solutions/cloud-computing/1208437-cloud-decentralise-l-utilisateur-devient-fournisseur-et-les-prix-chutent/.

CHAPITRE IV

Le capitalisme en quête d'inspiration

« L'ensemble de la planète suit désormais les mêmes principes économiques – une production tournée vers le profit, utilisant une main-d'œuvre salariée et libre d'un point de vue légal, et un capital majoritairement privé, avec une coordination décentralisée –, ce qui est inédit dans l'histoire. [...] *Aujourd'hui, à l'exception de quelques franges marginales n'ayant aucune influence sur l'évolution du monde, seul le capitalisme subsiste. »*

BRANKO MILANOVIC, Le Capitalisme, sans rival

Depuis la chute de l'URSS et la conversion de la Chine aux principes de l'économie de marché, il n'y a plus de réelle alternative au capitalisme. Qu'il se déploie sous une forme « libérale-démocratique » aux États-Unis et en Europe ou sous une apparence plus dirigiste et « politique[69] » dans l'empire du Milieu et certains régimes autoritaires, le constat est sans appel : le capitalisme mondialisé est devenu le seul mode d'organisation économique de la planète. Paradigme dominant, il étend même son emprise à toutes les sphères de la société en transposant des logiques de marchandisation là où on les attendait le moins, à commencer par le quotidien de chacun d'entre nous : « Il est désormais possible de louer à tout moment son appartement, sa voiture, de monnayer son temps de loisir, de faire rémunérer son influence selon son nombre

69. Branko Milanovic, *Le Capitalisme, sans rival. L'avenir du système qui domine le monde*, La Découverte, septembre 2020.

de "*followers*" sur les réseaux sociaux, etc. Toute ressource devient un capital à rentabiliser. [...] Le capitalisme a aussi gagné dans les têtes[70] » en investissant le champ des relations sociales et humaines. Que nous le déplorions ou que nous nous en réjouissions, nous évoluons dans un environnement où la vie des entreprises et celle des individus sont placées sous le signe de la dynamique capitaliste.

Pourtant, cette victoire idéologique sans partage coïncide avec une certaine forme d'essoufflement. Le triomphe du capitalisme possède en quelque sorte un parfum d'inachevé. Face à des défis tels que l'urgence écologique, le creusement des fractures territoriales ou la résurgence de conflits entre grandes puissances, notre système économique globalisé paraît dans une certaine mesure désarmé et impuissant, incapable de renouveler son inspiration pour répondre à ces enjeux critiques. Depuis la crise des *subprimes* de 2008, qui a mis en évidence les excès de la globalisation financière, nous traversons une période de désenchantement et de questionnement. À ce titre, ce n'est sans doute pas un hasard si des économistes libéraux comme Nicolas Bouzou nous exhortent dorénavant à réinventer la mondialisation : « La question n'est pas d'être pour ou contre la mondialisation. Elle est consubstantielle au projet humain. Elle est un marqueur de civilisation et de lutte contre la barbarie. Le sujet est celui de son amélioration, notamment dans une perspective française. Ce qui pose deux questions : 1. Comment bénéficier de la mondialisation plus que nous ne l'avons fait par le passé ? 2. Comment mieux la réguler en visant l'intérêt général[71] ? » Tout le monde prend conscience que l'accumulation de richesses et la multiplication des échanges doivent déboucher sur davantage de progrès humain et la naissance de nouveaux équilibres économiques à l'échelle internationale et locale, sans que cela nous conduise sur

70. *Ibid.*

71. Nicolas Bouzou, *Et après ? #1 Inventons la mondialisation de demain*, Éditions de l'Observatoire, avril 2020.

les chemins de la dé-mondialisation et de la décroissance… Nous sommes bel et bien sur une ligne de crête.

En effet, l'un des malheurs de la société d'aujourd'hui est de raisonner avec une logique ultraproductiviste qui se manifeste par la volonté permanente de faire mieux, plus vite, plus grand et moins cher. En suivant ce schéma mental, les principaux acteurs de l'économie ont peut-être perdu de vue les fondamentaux de la création de valeur et les vertus de la « juste mesure ». Ils ne répondent pas à la quête de sens qui émerge chez un nombre croissant de consommateurs, de citoyens et d'entrepreneurs. Actuellement, l'une des principales faiblesses du capitalisme déployé dans le cadre de la mondialisation réside dans son caractère autocentré : il se préoccupe uniquement des performances de l'entreprise, et pas assez de son impact sur l'écosystème, ni de son inscription dans les territoires.

Mieux valoriser les externalités

Pour remédier à ce travers, il faudrait d'abord mieux prendre en compte la problématique des externalités et de tout ce qui, dans le modèle économique, n'a théoriquement pas de valeur ou n'est pas facilement mesurable. Quand on réfléchit en matière de coûts, on s'aperçoit qu'il existe de multiples paramètres que l'on ne voit pas et qui ne peuvent pas être supportés exclusivement par les États. Sinon, on déresponsabilise les entreprises ; on oublie qu'elles font partie d'un tout, qu'elles ne sont pas qu'un vecteur de développement économique, et qu'elles ont aussi une responsabilité sociétale, environnementale et sécuritaire[72] (RSES). À l'heure actuelle, ces dernières participent déjà à la cohésion sociale *via* les

72. *Cf. infra.*

cotisations patronales par exemple. Cependant, il est évidemment nécessaire d'aller plus loin en valorisant et en mesurant des externalités – positives ou négatives – que personne, en règle générale, ne se donne la peine de chiffrer ou d'étudier.

L'exemple du biométhane : traitement des déchets, économie circulaire et attractivité territoriale

Pour s'en convaincre, il n'est qu'à penser à l'exemple du biométhane, une ressource qui peut sembler plus coûteuse que le gaz naturel. En réalité, elle engendre une somme de bénéfices qui, mis bout à bout, forment un authentique cercle vertueux. Premièrement, la production de biogaz s'intègre dans le schéma de l'économie circulaire en valorisant les déchets grâce au processus de méthanisation, c'est-à-dire la fabrication de méthane à partir d'une matière organique qui permet d'obtenir du gaz renouvelable (ou gaz vert) et offre une alternative supplémentaire au traitement des déchets ; le résidu (appelé « digestat ») est ensuite utilisé comme engrais pour les exploitations agricoles[73]. Deuxièmement, cette ressource a vocation à remplacer le gaz naturel et le gaz de schiste ; elle présente un bilan carbone meilleur que les deux autres, et évite de rejeter du méthane dans l'atmosphère au moment de l'extraction ou du transport. Troisièmement, elle apporte à l'agriculteur un complément de salaire qui se substitue aux subventions – notamment celles de l'Union européenne (UE) et de la politique agricole commune (PAC) – et qui lui assure des revenus dans la durée.

Si l'on ajoute le « coût » de ces externalités, on s'aperçoit que ce cycle revient au même prix, voire moins cher, que l'importation de gaz naturel. Sans compter la valeur économique pour le territoire ! Avec le développement de cette ressource, l'attractivité de celui-ci

73. Dominique Mockly, *Le Pari du gaz*, Débats Publics, mai 2018.

s'en trouve renforcée *via* la création d'une sorte de marché local : des vendeurs de biométhane pour la mobilité font leur apparition ; les échanges sont non plus supervisés par l'intermédiaire du marché global, mais assurés par des acteurs locaux ; et les agriculteurs qui possèdent des centrales peuvent ouvrir leurs usines aux touristes et aux groupes scolaires pour les familiariser au potentiel des énergies renouvelables (EnR). En somme, une série d'activités plus ou moins créatrices de valeur gravitent autour de cette industrie.

Le défi du gaspillage et du recyclage à l'échelon local

Plus généralement, signalons qu'il existe beaucoup d'externalités autour des gaspillages et des ressources qui nous paraissent superflues. À cet égard, il serait pertinent d'exploiter davantage celles que l'on ne songe pas à utiliser et à recycler. C'est notamment cette démarche qu'a inaugurée le groupe Bouygues Construction avec ses projets de chantiers sans déchets. Dans la métropole lilloise, l'ancien site logistique des 3 Suisses a ainsi été reconverti en un quartier d'habitation (La Maillerie) grâce à une « déconstruction sélective » et à la réutilisation de 30 000 tonnes de béton et 8 000 mètres carrés de parquet en chêne massif. Menée en lien avec des start-up et des protagonistes de l'économie circulaire, cette initiative va dans le sens d'une réduction de l'impact environnemental des organisations et d'une gestion optimisée des déchets[74].

Dans un tout autre registre, l'industrie nucléaire française met l'accent depuis plusieurs années sur le recyclage des combustibles usés, contrairement aux États-Unis où ces derniers sont le plus souvent stockés temporairement sur des parkings… En prenant en charge cette externalité, on maîtrise mieux le volume de nuisances et de risques ainsi que l'importation de la matière rare (l'uranium).

74. www.bouygues-construction.com.

De la sorte, il est possible d'extraire et de récupérer du combustible valorisable qui peut ensuite être réinjecté dans le circuit de production. Il s'agit d'une façon intelligente de s'acheter une sécurité et une autonomie énergétiques pour les prochaines années avec de l'uranium appauvri et du plutonium. Là encore, la démarche démontre que les entreprises ont tout intérêt à accentuer leurs efforts sur les plans environnemental et sécuritaire, même si cela se traduit dans un premier temps par des investissements et une augmentation des coûts : à terme, la gestion de ces externalités profite non seulement à la collectivité, mais aussi aux performances de l'entreprise elle-même.

Dans le secteur de l'automobile, qui est pleinement intégré à l'économie-monde et à une logistique globalisée, le défi du recyclage et de la valorisation des ressources locales prendra tout son sens dans les années à venir. Avec la généralisation des véhicules électriques, la question des batteries deviendra un élément clé dans la chaîne de valeur. Si l'on peut très bien leur imaginer une deuxième vie pour le stockage énergétique dans les bâtiments, il faudra également s'intéresser à l'étape suivante et à la manière de réutiliser certains composants et matériaux pour les réintroduire dans le circuit de production ; il serait idiot de sous-traiter le recyclage et de renvoyer cette richesse vers d'autres pays. Sur ce sujet spécifique, les logiques locales (*a minima* l'échelon national) auront donc plus d'intérêt que les impératifs globaux.

Réconcilier macro- et micro-mondialisation

Ces exemples témoignent d'une réalité qui se révélera incontournable si l'on souhaite réinventer la mondialisation : tous les acteurs et toutes les activités n'ont pas vocation à être 100 % intégrés à la macro-mondialisation. Certes, des secteurs ont besoin d'espaces larges et d'économies d'échelle pour être compétitifs. Cependant, il ne faut pas oublier la dimension locale et tous ceux qui évoluent au plus près des territoires : ceux-là ne possèdent clairement pas les mêmes besoins. Toute la complexité de notre époque consiste à trouver un juste équilibre entre la mécanique générale et la mécanique quantique en rendant ces deux échelles compatibles ; si l'infiniment petit et l'infiniment grand doivent coexister, ils ne fonctionnent pas selon les mêmes principes[75].

Dans ce contexte, il est indispensable d'effectuer un tri entre les différents pans de l'économie pour déterminer ceux qui relèvent avant tout de l'économie mondialisée, ceux qui parviennent à se fondre dans le global et dans le local, et ceux qui s'épanouissent mieux au travers de logiques territoriales. S'interroger sur cette répartition, c'est répondre à l'une des interrogations fondamentales pour le capitalisme du XXIe siècle : comment organiser les grandes tendances et continuer à profiter de la mondialisation économique tout en faisant vivre les espaces qui s'épanouissent en dehors de la mécanique générale ?

Décompresser l'économie par la substitution

D'un côté, des secteurs s'inscrivent de manière privilégiée et quasi naturelle au sein de schémas mondiaux dans la mesure où ils prospèrent en se servant d'effets de levier et d'interconnexions généralisées. C'est par exemple le cas de l'automobile, de l'aéronautique, des technologies de l'énergie, des infrastructures, de la recherche et du digital. Même si elles peuvent se décliner par le biais d'applications locales, ces activités sont d'autant plus efficaces qu'elles se déploient à grande échelle. Il en va de même pour la finance, qui est majoritairement globale, mais dont certains outils

75. *Cf.* chapitre I.

se prêtent parfaitement à des initiatives territoriales, comme la mise à disposition de monnaies régionales ou locales, le microcrédit, etc. De tels instruments peuvent contribuer à la vitalité d'espaces marginalisés ou en déclin.

Pour d'autres secteurs, la frontière est plus délicate à tracer. Prenons le cas de l'agroalimentaire, qui se situe à cheval entre les deux univers. Doit-on gérer l'ensemble des acteurs selon une perspective globale ? Quelles activités devraient vraiment relever des instances internationales comme l'Organisation mondiale du commerce (OMC) ou l'Organisation des Nations unies pour l'alimentation et l'agriculture (FAO) ? Si l'on considère que certaines zones du monde se retrouvent avec une surproduction alors que d'autres souffrent de pénurie, les organismes internationaux devraient avant tout encourager les transferts et veiller aux mécanismes de sécurité d'approvisionnement. Mais ils ne devraient surtout pas tirer l'ensemble du marché vers les coûts les plus bas en mettant sur un pied d'égalité des entreprises qui ne vivent pas dans le même univers. Par exemple, un producteur de fraises du Limousin s'intègre dans une économie locale, et n'a pas à être considéré du point de vue des lois de la concurrence sur le même pied qu'une grosse exploitation maraîchère espagnole qui exporte aux quatre coins de l'Europe, surtout si l'on omet de tenir compte des externalités négatives comme les frais de transport, les conditions sociales ou les facteurs de production… Ces deux entités ont le droit d'exister, mais elles ont besoin d'un cadre économique et réglementaire qui leur soit propre. À son échelle, la valeur « économique et sociale » de la petite exploitation est en effet tout aussi importante que celle de la grande multinationale. Néanmoins, il faut reconnaître que cette dernière bénéficie, grâce à l'ouverture des frontières, d'une asymétrie de moyens puisque le Limousin ne dispose pas d'exploitations de grande taille. Faut-il pour autant faire disparaître la petite exploitation, ou bien autoriser un régime particulier propre à ces entités locales ?

C'est aussi ce type de raisonnement qui permettra à l'avenir de réconcilier les tenants de la production d'hydrogène vert centralisé à faible coût et ceux qui préféreraient le voir produit localement mais à des prix plus élevés.

En résumé, il faut rouvrir le débat sur la conception du fonctionnement des grands secteurs économiques afin de repenser leur impact global et/ou local. Aujourd'hui, un industriel qui veut réussir et construire son *business model* aura tendance à essayer de croître au maximum et de s'emparer de parts de marché toujours plus importantes dans un espace toujours plus large. Dans le logiciel capitaliste classique, cette démarche est presque un réflexe ou une seconde nature. Cela ne doit pas nous faire oublier la pertinence de modèles sur mesure s'appuyant sur une forte différenciation, des volumes plus restreints et une relocalisation de la production. Or, les organismes normatifs internationaux écoutent insuffisamment les modèles locaux dont les voix portent moins. Prenons le pari que le mouvement à l'œuvre, aidé par les prises de conscience que relayent les réseaux sociaux, saura les convaincre.

Dans un pays comme la France, qui jouit toujours de savoir-faire industriels et artisanaux, cette piste mériterait d'être creusée. Pour tous les produits de consommation courante, il faudrait regarder, en aval, ce qui n'est pas « externalisable » et pourrait être produit sur place sans que cela engendre des surcoûts ou une baisse de la qualité. La décompression par la substitution constitue un puissant levier pour réconcilier la macro- et la micro-mondialisation en engendrant de la valeur sociétale. Si nous parvenions à remplacer 10 à 15 % de ce qui est fabriqué sur un mode compressé et mondial par une production décompressée et locale, nous effectuerions un grand pas en avant.

Telle est la voie qu'il conviendrait d'emprunter pour aller vers une économie décompressée qui respecte les espaces qu'elle occupe et qui insuffle une énergie aux territoires en régénérant le potentiel individuel de leurs entrepreneurs et en stimulant leur vitalité collective. Nous devons réfléchir à un modèle qui valorise chaque offre à l'échelle pertinente, en étant flexible sur l'intégration de la production, les chaînes de distribution et les règles applicables à chacun des protagonistes.

Se différencier par les facteurs locaux :
Made in France *et marques-territoires*

Le deuxième outil pour distinguer les vecteurs mondiaux et locaux consiste justement à examiner les logiques de marché. Jusqu'à une période récente, l'offre de produits et de services se concentrait sur le segment de moyenne gamme. Or, tout cela tend à disparaître au profit d'une partition plus nette entre le *low cost* et le premium. Le premier segment permet au plus grand nombre d'accéder à des biens de consommation courante et à des services qui tendent à se démocratiser. Quant au second, il s'adresse à une frange de la population prête à payer un montant supérieur pour des prestations ciblées ou personnalisées. Ces deux approches sont souvent complémentaires. Par exemple, dans l'aviation, les compagnies aériennes ont imaginé un équilibre en finançant les vols à bas coût par la vente de services haut de gamme aux voyageurs des premières et *business* classes.

Les opérateurs qui proposent du *low cost* ont forcément une assise mondiale et une clientèle large qui leur imposent de jouer la carte de la standardisation et de l'uniformisation des produits et services. Le raisonnement n'est pas si différent pour le premium : même si les prestations peuvent être sur mesure, les entreprises cherchent à attirer le maximum de clients fortunés avec des formules relativement identiques sur le plan international. Il s'agit là d'une simplification utile qui permet au plus grand nombre de bénéficier d'opportunités autrefois réservées à une élite (se déplacer en avion, partir en vacances à l'étranger, etc.) et de la diffusion planétaire de certains biens de consommation. De ce point de vue, la mondialisation économique reste bel et bien un progrès pour les individus.

Allons même plus loin : dans le monde décompressé de demain, il y aura peut-être un point de bascule entre la vie professionnelle et la vie privée dans la relation à l'espace. Avant l'épidémie de Covid-19, une part non négligeable du transport aérien était dominée par les voyages d'affaires. Dans les prochaines années, ces déplacements existeront toujours pour nouer les premiers contacts, mais le digital se substituera de plus en plus à ce type de réunions. À l'inverse, il n'est pas exclu que plus de voyages soient dédiés à la découverte de la diversité, à l'enrichissement de son temps libre et à l'ouverture aux autres. Au travers de ce nouveau modèle, qui transformera les secteurs de la mobilité, de la culture et de l'hôtellerie, on assistera à un recul des voyages d'affaires et à une montée en puissance de la relation digitale et de solutions où coexisteront voyage dans un cadre privé et voyage dans un cadre professionnel.

Cependant, d'autres offres peuvent être développées à l'échelle locale. Que l'on parle d'agroalimentaire, de tourisme, d'artisanat, de culture ou de construction, il est possible de miser sur des produits différenciés qui s'appuient sur les spécificités et l'identité des territoires, leur valeur immatérielle et leur dimension aspirationnelle. C'est tout l'enjeu associé au *made in France*, un concept qui est trop souvent réduit à sa dimension défensive alors qu'il devrait être appréhendé comme un vecteur de développement économique, social et humain : redonner de la fierté à des entreprises qui n'envisagent pas nécessairement de se projeter sur les marchés mondiaux, et créer des marques qui tirent vers le haut les productions hexagonales. Autrement dit, il faut aider les territoires à reconquérir une attractivité vis-à-vis des touristes, des entrepreneurs ou de futurs habitants, et à capter une « clientèle » nouvelle à travers des leviers marketing (la création de marques-territoires mieux identifiées).

Cet aspect est d'autant plus crucial que l'entreprise locale recèle une valeur sociale colossale par rapport à une entreprise délocalisée. Dans ce contexte, il serait utile de multiplier les dispositifs s'inspirant de ce que promeuvent les États-Unis par l'intermédiaire du *Small Business Act* de 1953 : soutenir les petites et moyennes entreprises (TPE-PME) qui répondent à une réelle demande du marché en leur réservant une part de la commande publique. De la même manière que l'on simplifie certaines taxes ou que l'on subventionne certaines énergies comme le biométhane, il faut encourager les productions locales les plus compétitives, surtout celles qui engendrent des externalités positives et possèdent un impact sociétal, environnemental et sécuritaire supérieur à celui des solutions mondialisées.

Passer de la RSE à la RSES

Une montée en puissance des enjeux sociétaux et environnementaux

En mettant l'accent sur la RSES de l'entreprise, nous pourrons réinventer des modèles économiques qui articulent mieux les missions du secteur public et de la sphère privée. Cela fait plusieurs années que la problématique de la responsabilité sociétale et environnementale (RSE) s'est invitée dans les organisations, obligeant celles-ci à réévaluer leur fonctionnement global, leur proposition de valeur et leurs relations avec leurs parties prenantes. Elle a même tendance à monter en puissance à l'heure où la raison d'être et les sociétés à mission sont consacrées par la loi du 22 mai 2019 relative à la croissance et à la transformation des entreprises (dite « loi Pacte »), qui invite ces dernières à travailler leur « intérêt social » et à prendre « en considération les enjeux sociaux et environnementaux de [leur] activité[76] ».

Citons également la mise en place, aux États-Unis, du label B Corp (*Benefit Corporation*) depuis 2006, « sous l'impulsion de trois amis entrepreneurs Bart Houlahan, Jay Coen Gilbert et Andrew Kassoy. Leur objectif : certifier les entreprises privées qui intègrent dans leur mission, leur modèle économique, leurs effectifs, leurs produits ou services, des objectifs sociaux, sociétaux et environnementaux. Avec l'obsession de ne pas chercher à être la meilleure entreprise AU monde mais la meilleure entreprise POUR le monde[77] ». Regroupant plus de 2 800 entreprises de la planète (dont 80 en France), ce label récompense des organisations qui parient sur l'éthique et cherchent à élargir leur impact sur la collectivité. Il s'agit en outre d'une véritable marque qui renforce leur pouvoir d'attraction à l'égard des clients, des talents et de la société tout entière.

Ces évolutions positives attestent un infléchissement des logiques capitalistes, qui intègrent progressivement d'autres impératifs et renouvellent le logiciel hérité des précédentes révolutions industrielles. Nous arrivons à un stade de maturité où les opinions

76. « Toute société doit avoir un objet licite et être constituée dans l'intérêt commun des associés. La société est gérée dans son intérêt social, en prenant en considération les enjeux sociaux et environnementaux de son activité », Code civil, art. 1833.

77. Corinne Dillenseger, « Comprendre le label B Corp en 5 questions », *Les Échos Start*, 10 juillet 2019. En ligne : start.lesechos.fr/societe/environnement/comprendre-le-label-b-corp-en-5-questions-1175344.

publiques et une proportion non négligeable d'entreprises sont prêtes à amorcer un tournant afin d'échafauder des *business models* vertueux, durables, résilients et ancrés dans les territoires. Un nouveau chapitre du capitalisme et de la mondialisation économique est probablement en train de s'écrire sous nos yeux.

Élargir le cadre de la RSE aux défis sécuritaires

Pour que cette transformation soit pleinement profitable, il serait souhaitable d'ajouter un volet « sécuritaire » à la RSE en s'intéressant aux défis qui relèvent de la résilience et de l'autonomie des États. La pandémie liée à la Covid-19 a fort bien prouvé que notre indépendance sanitaire et industrielle peut aisément être remise en cause en cas de crise mondiale et de tension sur les circuits d'approvisionnement : « Certains pays découvrent [...] avec la crise du coronavirus que les avantages comparatifs ont localisé des productions jugées indispensables sur quasiment un seul territoire. Ainsi, 90 % de la pénicilline est produite par la Chine. Personne ne peut sérieusement penser que cette situation, permise par le laisser-faire, soit optimale pour les populations[78]. » Voilà pourquoi il est vital de prendre ce dossier à bras-le-corps.

Nous savons tous qu'un certain nombre d'entreprises, comme celles du secteur de la défense, relèvent de la sécurité nationale. Le défi ne s'applique pas qu'à ce domaine ; il concerne également la santé, l'agroalimentaire ou l'énergie. À regarder de près, de nombreuses entreprises portent en elles une partie de notre souveraineté. Dans cette perspective, État et entreprises doivent définir dans chaque secteur quels sont les niveaux pour lesquels ils considèrent de concert que l'autonomie nationale ou transnationale, dans un univers donné (comme l'espace Schengen, la zone

78. Nicolas Bouzou, *op. cit.*

euro ou le territoire hexagonal), doit prévaloir. S'il faut laisser les entreprises se développer et être compétitives, il n'est pas question de renoncer à toute intervention dès lors que la sécurité du pays se trouve dans la balance.

Cette préoccupation était déjà présente au milieu des années 1990, lorsque le rapport d'Henri Martre et du Commissariat général du Plan pointait du doigt les faiblesses de la France en matière d'intelligence économique et appelait les acteurs publics et privés à renforcer leur coopération : « La gestion stratégique de l'information économique est devenue l'un des moteurs essentiels de la performance globale des entreprises et des nations. En effet, le processus de mondialisation des marchés contraint les agents économiques à s'adapter aux nouveaux équilibres qui s'établissent entre concurrence et coopération. Désormais, la conduite des stratégies industrielles repose largement sur la capacité des entreprises à accéder aux informations stratégiques pour mieux anticiper les marchés à venir et les stratégies des concurrents. [...] Cela suppose [...] un décloisonnement de notre système socio-productif et de nos administrations, afin d'accroître la concertation à tous les niveaux, et en particulier au sein des entreprises[79]. » Si les travaux menés à cette époque par le Comité pour la compétitivité et la sécurité économique avaient le mérite de défricher ce sujet sensible et stratégique, force est de reconnaître que nous n'avons pas résolu toutes les difficultés identifiées il y a vingt-cinq ans.

De plus, en nous focalisant sur la compétitivité – qui demeure bien sûr une donnée essentielle face à l'intensification de la concurrence mondiale –, nous avons peut-être fait l'impasse sur une thématique tout aussi fondamentale : s'assurer que les fonctions vitales

79. Henri Martre, Philippe Clerc, Christian Harbulot, *Intelligence économique et stratégie des entreprises*, La Documentation française, 1er février 1994. En ligne : www.vie-publique.fr/sites/default/files/rapport/pdf/074000410.pdf.

du pays sont remplies, y compris dans des scénarios dégradés. Au moment où la délimitation du champ d'intervention entre l'État et les entreprises est au centre de toutes les attentions, il est temps de remettre ces discussions sur la table : « À la différence de ce que prévoit la loi actuelle, il ne s'agirait pas de les protéger des capitaux étrangers, mais de définir un quota de production minimum sur le sol français et de soutenir les entreprises qui s'engagent en faveur de la sécurité, de la souveraineté et de l'indépendance du pays[80]. » Pourquoi ne pas ériger cette composante « sécuritaire » en élément central de l'impact des entreprises ? Pourquoi restreindre notre vision de la compétitivité aux batailles internationales, et ne pas l'élargir à la dimension territoriale ? Du traitement des déchets au recyclage des matières rares sur place en passant par la valorisation des filières énergétiques et alimentaires locales, les solutions ne manquent pas afin d'épouser cette ambition. Pour repenser l'espace-temps de la mondialisation économique et redessiner le visage du capitalisme au XXIe siècle, n'ayons pas peur de bousculer les habitudes, les mentalités et la culture de nos organisations.

80. Nicolas Bouzou, *op. cit.*

CHAPITRE V

Une révolution copernicienne de l'espace-temps

« Les ancêtres de tous les membres des sociétés industrielles aux innombrables horloges vivaient en petites communautés de chasseurs, pâtres ou modestes agriculteurs, et se passaient de tels instruments. C'est donc faire preuve d'un égocentrisme quelque peu naïf que de discuter aujourd'hui des problèmes du "temps" en supposant implicitement que la notion et l'expérience du temps ont toujours été identiques chez tous les hommes à ce qu'ils sont dans nos sociétés plus complexes. »

NORBERT ELIAS, Du temps

De nos jours, nous avons tendance à opposer de manière quelque peu simpliste le temps court et le temps long, l'accélération et la prise de recul, l'urgence et le repos, comme si toutes ces dimensions ne pouvaient pas cohabiter. Autrement dit, nous avons beaucoup de mal à mettre en perspective différentes échelles temporelles. S'il est vrai que la mondialisation et la digitalisation ont modifié notre rapport au temps, en nous imposant une rapidité et une frénésie qui paraissent parfois contre nature, cela n'est pas nécessairement une mauvaise nouvelle. Comme l'a très bien perçu le philosophe Alessandro Baricco, la révolution numérique nous a fait basculer dans une civilisation où le mouvement est considéré comme un principe supérieur : « Si l'on fait du mouvement une obligation étendue à tout ce qui existe, on touche chaque niveau de l'expérience, du plus simple au plus complexe : il est vain d'attendre de votre enfant qu'il fasse une chose à la fois, que le travail stable reste une priorité et que la vérité repose sagement là où on l'a laissée la veille au soir. [...] Nous préférons des systèmes qui génèrent du mouvement et empêchent les choses de pourrir dans l'immobilité. Nous avons atteint le point où nous évaluons les choses sur la base de leur capacité à générer ou à accueillir le mouvement[81]. » Tel est le nouvel espace mental et temporel dans lequel nous sommes plongés depuis quelques années... sans que nous ayons forcément eu le temps de nous y acculturer et de nous y adapter.

La mondialisation digitale, un choc temporel

Sortir de la course pour mieux y rester

Il arrive d'ailleurs que nous soyons heureux que les événements s'emballent. À l'image du pilote de formule 1 qui ressent les effets enivrants et enthousiasmants de la vitesse, nous avons besoin de moments de trépidation où l'existence s'accélère et nous délivre des routines quotidiennes. Il en va de même en entreprise. Bien qu'il faille développer une vision ancrée dans la durée, s'attacher à des perspectives de croissance au long cours et inscrire son action dans une certaine continuité, on ne saurait s'affranchir des contingences de court terme et des urgences qui rythment la vie des organisations. La capacité à aller vite reste une composante essentielle de la performance et de la compétitivité. Décélérer ou refuser le principe de mouvement condamnerait n'importe quelle société – ou n'importe quel être vivant – à la disparition.

81. Alessandro Baricco, *op. cit.*

À l'inverse, il est préjudiciable et dangereux de ne jamais s'accorder de respiration et de se soumettre en permanence à un impératif de rapidité. Saturer son temps pour avoir l'impression d'être dans le « jeu », dans un mouvement constant, peut nous conduire à perdre le fil de ce que l'on fait, comme sur les réseaux sociaux, lorsque nous postons à la hâte, sans réfléchir, pour rebondir sur l'actualité la plus insignifiante ; ou dans notre existence personnelle, lorsque nous ne parvenons plus à arbitrer entre le temps dédié au travail, celui consacré à la famille et celui dévolu aux loisirs ; en somme, lorsque le sentiment de vitesse ne produit plus d'effets d'entraînement, mais se transforme en poids mort qui empêche toute élévation vers la quête de sens.

Cela peut sembler d'autant plus pesant que, désormais, la compression n'est pas qu'économique. Elle est aussi liée aux standards que l'on nous demande de respecter et aux injonctions de la société. Nous évoluons plus encore qu'autrefois dans un monde de comparaison qui suppose de se conformer à une série de rituels faisant figure de passages obligés dans notre emploi du temps : le fait de conserver une allure jeune et sportive, d'être cultivé et de s'intéresser aux arts, de travailler notre identité numérique et notre visibilité sur les médias sociaux, etc. Lorsqu'on additionne l'ensemble de ces exigences, elles prennent des allures de sacerdoce. De ce point de vue, tout l'enjeu est de trouver un bon équilibre pour ne pas exploser en vol, mieux user de son temps et faciliter la décompression. Nous devrions à l'occasion accepter de sortir de la course pour mieux y rester.

Rassembler des « sociétés à deux vitesses »

Ce qui est valable à l'échelle individuelle l'est également sur le plan collectif. Dans le cadre de la mondialisation, nous avons coutume de dire que se forment des « sociétés à deux vitesses ». L'expression, devenue banale, rend cependant bien compte du décalage grandissant entre ceux qui profitent de ce nouveau rythme de croisière et ceux qui en subissent les à-coups, qui n'en sont jamais maîtres, au point de refuser le « jeu » et d'en rejeter les règles. On retrouve d'une certaine façon ce qui s'était passé à l'époque de la première révolution industrielle : le décollage technologique avait creusé une nette fracture entre les capitaines d'industrie qui réglaient l'horloge du progrès et la masse d'ouvriers sommés d'adopter un tempo infernal. Il s'agit toujours d'un défi central pour la cohésion et l'équilibre de nos collectivités. Nous avons besoin d'une capacité d'accélération mais aussi de courroies de transmission pour entraîner l'ensemble de la société, l'aider à adapter sa vitesse et faciliter la concordance des temps[82]. La mondialisation décompressée, c'est celle qui règle le tempo de la tête pour permettre au reste de l'équipe de ne pas être dépassé et oublié.

Cependant, c'est aussi celle qui redéfinit le champ d'intervention et les missions de chaque acteur. Face à une vague d'innovations de rupture portées par des entités privées comme les Gafam, le système doit laisser davantage de flexibilité et de marges de manœuvre au politique pour de l'ajustement local. Cela passe notamment par un rééquilibrage de forces entre la sphère économique et le monde politique. Le mouvement de décompression demeurera incomplet si celui-ci ne dispose pas de l'autonomie suffisante pour réduire les inégalités et les déséquilibres provoqués par la globalisation. Par exemple, il faudrait laisser la possibilité de réindustrialiser un territoire grâce à des subventions qui sont théoriquement contraires aux règles du commerce international. Cela ne signifie pas pour autant qu'il faille intervenir dans tous les sens. Plutôt que de chercher à réguler coûte que coûte ou à empêcher des évolutions

82. Dominique Mockly, *L'Entreprise cerveau*, *op. cit.*

technologiques inéluctables, les pouvoirs publics doivent prendre plus de recul vis-à-vis de l'économie pour se consacrer à la cohésion sociale, culturelle et territoriale. Construire des murs est inutile. Cela ne fait que retarder l'échéance, jusqu'au jour où la vague submerge tout et provoque encore plus de dégâts. Si le politique peut donner un cadre, il n'a pas vocation à stopper l'innovation.

Organiser la coexistence des espaces-temps

En France, le deuxième épisode de confinement, à l'automne 2020, a fourni une bonne illustration de ces difficultés. Nombre de personnalités politiques sont montées au créneau pour appeler au boycott d'Amazon et ainsi soutenir les petits commerces. Était-ce leur rôle ? Sans s'attarder sur la pertinence de ces déclarations, commençons par rappeler que l'entreprise de Jeff Bezos a assis sa domination planétaire grâce à la maîtrise de la logistique qui est devenue la clé du temps au XXIe siècle. Outre la simplification qu'a apportée Amazon aux consommateurs, en leur donnant accès au plus grand magasin du monde en un clic, la multinationale est parvenue à imposer un *timing* ultrarapide à l'ensemble de la chaîne de valeur. Cet avantage concurrentiel a évidemment des conséquences négatives sur les petits commerces, qui ne se meuvent pas dans le même espace-temps.

Pour autant, cela veut-il dire que ces derniers ont définitivement perdu la bataille et sont voués au déclin ? En l'occurrence, la vague épidémique de l'automne 2020 a démontré que ces entreprises avaient des opportunités de rebond. Avec l'apparition de plateformes locales, comme *Mavillemonshopping.fr*, une initiative incubée à Pau et rachetée par la filiale de La Poste DPD, ce ne sont pas moins de 600 boutiques en ligne qui ont été créées chaque jour et qui ont facilité la conversion des commerçants aux outils numériques.

Chacun a pu observer que sans prise de conscience du potentiel des technologies, une partie des acteurs économiques locaux étaient en train de décrocher. En ce sens, la crise de la Covid-19 a représenté une nouvelle positive : elle a contraint des commerces à déployer rapidement des outils digitaux qui conserveront toute leur utilité lorsque la situation sera revenue à la normale. Ces TPE-PME ont connu une accélération momentanée avant sans doute de reprendre un rythme plus serein… à moins que certaines d'entre elles ne saisissent l'occasion au vol et ne choisissent de vendre leurs biens et services au-delà de leurs frontières « naturelles ».

Cet exemple démontre également que l'enjeu de la mondialisation décompressée est de favoriser la diversité des acteurs et la coexistence de plusieurs espaces-temps. Ce qu'il faut bâtir, ce n'est pas un univers où il y a soit Amazon, soit les petits commerces. Ce n'est pas un environnement où il y a « ou l'un ou l'autre », mais où « et l'un et l'autre » ont une raison d'exister. Les échelles mondiales et territoriales doivent pouvoir cohabiter, chacune ayant ses spécificités, ses périmètres d'activité et son tempo.

Le temps du capitalisme responsable

Intégrer les entreprises dans leur écosystème

Ce qui pose davantage de problèmes, c'est la vitesse de la transition imposée aux entreprises et à leurs salariés. La course à la performance, qui ressemble parfois à une fuite en avant, est-elle tenable ? Dans quelle mesure les organisations et leurs collaborateurs peuvent-ils être incités à décompresser sans que cela mette en danger leur existence ? Peut-on réconcilier le court terme et le long terme sans susciter de hiatus ? Voilà des interrogations qui ne manquent pas de challenger le modèle des acteurs économiques.

Pour les entreprises, deux facteurs ont contribué jusque-là au raccourcissement des délais et à la compression : les retours sur investissement demandés par la sphère financière, et l'intensification de la compétition dans un contexte où l'innovation et la rapidité de réaction se révèlent primordiales pour éviter le déclassement. Or, pour certains de ces aspects, rien n'interdit de penser que nous sommes progressivement en train de glisser d'un paradigme à un autre. Deux tendances au moins peuvent encourager les entreprises à œuvrer en faveur de la décompression et à jouer un rôle moteur dans une transformation qui s'effectue au profit de l'écologie, du local et du bien-être individuel.

La première concerne les évolutions du marché : si la demande des clients va dans ce sens, les entreprises suivront ce mouvement. La seconde correspond à l'importance croissante de la RSE et à l'attention portée à la raison d'être des organisations : les dirigeants et les actionnaires eux-mêmes sont incités à réfléchir à l'impact de leur modèle et de leur proposition de valeur ; les « sociétés à mission », consacrées par la loi Pacte, sont par exemple appelées à être de plus en plus nombreuses en France, comme le sont les B Corp aux États-Unis[83]. À ce titre, il n'est pas étonnant que la finance ait commencé à changer de logiciel. À partir du moment où la responsabilité de l'entreprise n'est pas seulement économique et où elle doit rendre des comptes sur les plans environnemental, sociétal et sécuritaire, les objectifs de court terme s'alignent progressivement avec les échéances au long cours. L'intégration des parties prenantes et de l'écosystème prend une réelle valeur aux yeux des investisseurs.

83. *Cf.* chapitre IV.

Accélérer la prise de conscience : l'exemple de la crise du coronavirus

La crise de la Covid-19 a confirmé cette aspiration qui gagne dorénavant l'ensemble de la société : « Les attentes des consommateurs, des collaborateurs, des investisseurs et des politiques convergent en effet vers plus de durabilité. Et tous demandent que les entreprises agissent. En avril [2020], 85 % des Français interrogés dans le cadre d'un sondage [...] estimaient que les entreprises avaient un rôle important à jouer dans le développement d'une société plus écologiste et équitable, pour prévenir une nouvelle crise sanitaire[84]. » Ces dispositions d'esprit, propices à la décompression, ne sont plus marginales. De même, de récents travaux du Boston Consulting Group ont « souligné que plus de 70 % des entreprises européennes anticipent un changement durable de la structure de leur chaîne d'approvisionnement pour développer la résilience. C'est donc une opportunité pour améliorer aussi l'impact environnemental de l'entreprise[85] » qui a été identifiée à l'occasion de cette crise.

En découvrant un nouvel espace-temps, où une partie des échanges fonctionnaient au ralenti et dans un cadre plus restreint, ces entreprises ont élargi leurs horizons. Quant aux investisseurs, ils « ont augmenté leurs standards dans le secteur de l'énergie [...] à travers une restriction des investissements dans le charbon ou les énergies fossiles (BlackRock, JP Morgan, Caisse des Dépôts Groupe, ABP, Crédit Mutuel Asset Management, BNP Paribas,

84. Béatrice Héraud, « La RSE, facteur de résilience et de compétitivité des entreprises face à la crise du Covid-19 », *Novethic*, 23 juillet 2020. En ligne : www.novethic.fr/actualite/entreprise-responsable/isr-rse/la-rse-facteur-de-resilience-et-de-competitivite-des-entreprises-face-a-la-crise-148814.html.

85. Boston Consulting Group, EpE, *Construire une relance durable. Transition écologique et résilience, axes de la reprise économique post-Covid-19*, juillet 2020. En ligne : media-publications.bcg.com/Covid-19-crisis-brake-accelerator-of-ecological-transition-of-companies.pdf.

Ayala, SMBP, etc.[86]) », ce qui témoigne d'un engagement très clair en faveur d'une relance verte.

Bâtir un capitalisme responsable n'est plus une lubie réservée à quelques idéalistes déconnectés des enjeux de l'entreprise. Presque tous les protagonistes du monde économique savent que les implications sont tout sauf secondaires. Comme l'a relevé un rapport de l'Institut Montaigne publié en septembre 2020, « l'Europe fait aujourd'hui face à deux défis majeurs : le changement climatique et les divisions sociales. Or, le capitalisme financier, qui a prévalu dans le monde depuis les années 1980, ne les a pas pris en compte, au contraire. Préparer l'avenir, dans le contexte de la crise liée au Covid-19, c'est savoir comment y répondre. Comment lutter contre le réchauffement du climat ? Comment réduire les fractures sociales des États européens ? Quels acteurs mobiliser pour qu'un changement durable s'opère tout en assurant la prospérité de l'Europe[87] ? ». En une dizaine d'années, les progrès effectués dans cette direction sont considérables, tout du moins si l'on se penche sur l'évolution des mentalités. Que l'on parle de capitalisme responsable, de développement durable, de transition écologique ou de finance inclusive, les préoccupations des décideurs tournent autour de la même ambition : la nécessité de décompresser et d'imaginer des modèles plus résilients pour surmonter les grandes crises (financières, environnementales, sociales, sanitaires, etc.) du XXIe siècle.

86. *Ibid.*

87. Institut Montaigne, *Le Capitalisme responsable : une chance pour l'Europe*, rapport de septembre 2020. En ligne : www.institutmontaigne.org/publications/le-capitalisme-responsable-une-chance-pour-leurope.

Penser aux dimensions éthiques de la concurrence

Dans le champ de la concurrence, la donne est plus complexe dans la mesure où la compétition crée de la valeur. Se surpasser permet de progresser et de tirer la société vers le haut. Il est indispensable de préserver cette saine émulation pour optimiser le temps disponible. L'encadrement de cette compétition est d'ailleurs en partie réglé par les législations (sur la propriété intellectuelle, les monopoles, etc.). Ce qui n'est pas suffisamment pensé ou intégré, ce sont les problématiques éthiques que soulève la concentration du pouvoir aux mains de quelques champions de l'économie, notamment en ce qui concerne les données.

Le gigantisme des Gafam et leur capacité à absorber l'essentiel de la *data* disponible leur confèrent un net avantage sur les autres entreprises et une mainmise sur l'environnement qui dépasse le seul cadre économique. L'affaire Cambridge Analytica, qui a mis en lumière le détournement des données des utilisateurs de Facebook à l'occasion du Brexit et des élections américaines, ne l'a que trop bien démontré. L'accès à la *data* et la puissance de calcul de ces multinationales aboutissent non seulement à une accélération de l'espace-temps, mais aussi à une distorsion des règles qui ordonnent la vie collective.

Pour les sociétés contemporaines, ces déséquilibres engendrent d'ores et déjà des défis inédits : éviter que ces concentrations projettent les entreprises dans un espace-temps démentiel en les obligeant à franchir le mur du son pour rester dans la compétition, veiller à ce que les États conservent une souveraineté et une autonomie (sur le *cloud*, les données, la logistique) vis-à-vis des géants du digital[88],

88. *Cf.* chapitre VII.

mieux séparer le pouvoir économique et financier de l'influence politique.

Entreprises : le choix d'un tempo adéquat

Créer des espaces propices à la créativité et à la respiration

Cette quête de décompression ne s'applique pas qu'aux mécanismes généraux de l'économie et du capitalisme. Il est fondamental de la traduire concrètement dans l'espace-temps quotidien des organisations. Outre leur proposition de valeur, les entreprises doivent réorganiser les modes de travail et repenser les principes qui régissaient jusque-là leur fonctionnement.

Premièrement, il est essentiel de mettre en place des outils d'accompagnement et d'aide à la décision qui donnent sa pleine mesure à la substantifique moelle de l'entreprise : les femmes et les hommes qui l'animent et qui constituent son capital le plus précieux. C'est en cela que la transformation numérique revêt une importance cruciale. Elle apporte une série de solutions qui confèrent un maximum d'autonomie et de responsabilité aux équipes sur le terrain. En outre, le numérique est complémentaire de la présence physique, et permet d'être au plus près des besoins du client.

Deuxièmement, il est souhaitable de laisser libre cours à l'innovation, en valorisant la spontanéité, la mise en avant des idées et le partage. Cette démarche doit faire partie des réflexes de l'entreprise, et passe par la création de lieux d'échanges sur des thématiques ciblées ou transversales. Chez Teréga, par exemple, il existe un comité de développement qui s'intéresse aux évolutions du marché et où chacun peut s'exprimer librement. Notre système de management intégré comprend aussi une *smile room* où les collaborateurs ont la possibilité de parler sans tabou, de porter un regard amusé sur la vie de l'organisation, de traiter tous les problèmes de frustration engendrés par le travail, ou simplement de faire passer des messages qui leur tiennent à cœur.

Troisièmement, il est utile de réinvestir le temps gagné dans certains domaines pour réfléchir sur les enjeux globaux et affiner la stratégie générale de l'entreprise. Pour tout ce qui est automatique, les organisations peuvent raccourcir les délais et accélérer la cadence. À la manière de l'enfant qui apprend à marcher, il existe un certain nombre de processus automatisés et de méthodes assimilées par les collaborateurs sur lesquels il est indispensable de capitaliser. Il faut éviter de casser ces mécanismes, car cela engendre de l'insécurité psychologique et des ralentissements. En gaspillant moins de temps dans les *process* industriels et le fonctionnement routinier de l'entreprise, on dégage d'autant plus de marges de manœuvre et de plages horaires pour partager des objectifs communs, analyser l'environnement concurrentiel et stratégique, et éviter la dispersion des énergies.

Ces logiques d'entreprises, destinées à décompresser, sont également applicables à l'échelle des États ou des entités territoriales. On voit qu'elles reposent pour l'essentiel sur la valorisation du potentiel humain dans le cadre de projet de vie en commun.

Adapter le rôle du management et du leadership

La mise en place de ce cadre suppose naturellement une adaptation des modalités de gouvernance. Pour déconcentrer les organisations, il convient d'échafauder un projet incluant des valeurs associées aux évolutions de l'époque et aux aspirations formulées par les collaborateurs. Bien que cette tâche incombe en priorité à la direction de l'entreprise, signalons que le leadership ne suffit pas : si les discours ne sont pas justifiés par les actes ou corrélés à de réelles mises en œuvre, cela mène inévitablement à la catastrophe. Les salariés ne sont jamais dupes des discours et des éléments de langage qui ne se traduisent par aucun changement concret.

De même, déconcentrer ne signifie pas renoncer à toute forme d'organisation. Un système décentralisé, où prévalent l'autonomie, la responsabilité et la confiance, peut créer de petits silos avec des « tribus » isolées de leur côté qui ne communiquent plus entre elles. Pour se prémunir de ce travers, il convient donc de veiller à maintenir une cohésion en travaillant au rapprochement des équipes, ce qui passe nécessairement par des projets transversaux qui structurent l'entreprise.

Les managers eux-mêmes ont une fonction primordiale dans ce mouvement de décompression. Ils ne doivent pas avoir peur de déléguer des tâches pour se recentrer sur des missions d'accompagnement. Jouant le rôle de coachs et de visionnaires[89], ils sont là pour définir une direction, apporter l'information pertinente aux salariés et leur fournir des éléments de réassurance afin de mieux utiliser leurs espaces de liberté. En effet, la notion d'autonomie peut donner l'impression que l'on ajoute de la pression sur le dos de ceux qui accèdent à un degré de responsabilité supplémentaire. Autrefois, quand l'activité était réglée par le temps du *process*, les choses étaient différentes : le quotidien de l'employé était plus routinier, mais moins difficile à appréhender.

Il n'est qu'à songer au cas des opérateurs en usine qui sont désormais en charge d'un *pool* de machines. Ils exécutent des

89. Dominique Mockly, *L'Entreprise cerveau*, *op. cit.*

tâches moins sclérosantes mais plus complexes, puisqu'ils sont confrontés à des situations plus nombreuses qu'auparavant. Face à des événements imprévus et stressants ou à une charge de travail inhabituelle, le management intermédiaire doit permettre au salarié de respirer en lui offrant des solutions, des alternatives et une relative souplesse. Il en va de même pour le dirigeant d'une entreprise : il est là pour donner de l'air lorsque cela s'avère nécessaire, en permettant de s'affranchir de certaines contraintes ou de relâcher les *process* quand ses managers affrontent des situations tendues, incertaines ou imprévisibles. L'agilité des organisations en dépend.

On pourrait aller plus loin et remonter au sommet de l'entreprise en plaidant pour un rôle complètement différent du conseil d'administration, qui a actuellement tendance à raccourcir les délais, l'espace et les marges de manœuvre. À ce titre, il faudrait une réelle séparation du rôle de président de celui de directeur général dans une vision où l'on écoute vraiment ce dernier. Ce sont là des modalités plus germaniques que françaises qui permettraient de donner une impulsion à des changements plus systémiques et structurants, tels que l'impact sociétal de l'entreprise qui se joue en réalité au niveau de l'exécutif.

Ajuster la vitesse de décompression

Au fond, la principale difficulté est de trouver le tempo adéquat pour ajuster la vitesse de décompression. En règle générale, il est plus risqué de l'effectuer de manière rapide que de façon progressive, par petites touches. Il s'agit d'une loi que l'on retrouve dans de nombreux domaines. Pour la mise sur le marché d'un produit ou d'un service, il est précieux d'obtenir des retours à moindre coût et de tester des formules localement avant de déployer la solution à grande échelle ; se servir du *minimum viable product* (MVP ; « produit minimum viable », en français) est un excellent moyen de cadencer le lancement d'une innovation. Comme l'explique à juste titre l'ancien dirigeant de Google, Eric Schmidt, cette méthode a encore plus de sens à l'ère de la civilisation digitale : « Le coût de l'expérimentation et des échecs a considérablement diminué. On le constate surtout dans les industries de haute technologie, où une petite équipe d'ingénieurs, de développeurs et de concepteurs peut concevoir des produits fabuleux et les distribuer gratuitement en ligne dans le monde entier. Il est ridiculement facile d'imaginer et de créer un nouveau produit, de l'essayer avec un nombre limité de consommateurs, de mesurer précisément ce qui fonctionne et ce qui ne fonctionne pas, d'itérer le produit et d'essayer à nouveau[90]. » Les innovations les plus brillantes naissent au travers de ce processus où la progressivité est de mise, ce qui n'empêche pas une certaine vitesse d'exécution.

Les politiques qui mènent des réformes périlleuses sur les plans économique et social le savent également : en l'absence de concertation avec les partenaires sociaux et d'expérimentations préalables sur le terrain, beaucoup de projets imposés à toute vitesse finissent par se heurter à un mur et sont contraints à l'abandon... Dans un tout autre registre, les amateurs de plongée sous-marine ont conscience qu'il est dangereux de remonter à la surface sans passer les paliers ; ils ne s'aventurent pas à brûler les étapes pour gagner un temps inutile.

Ces principes pourraient être déclinés pour la transition énergétique et écologique. Même face à l'urgence, il existe des échéances pour « dé-carboner » et des sas de décompression pour mener à bien la transformation souhaitée. Pensons notamment au rôle du

90. Eric Schmidt, *How Google Works*, Grand Central Publishing, septembre 2014.

gaz, qui peut jeter des ponts et offrir des solutions transitoires pour passer du pétrole à l'hydrogène. Dans l'industrie des énergies, tout vouloir faire d'un coup serait irréaliste et contre-productif, comme l'a en partie démontré le cas de l'Allemagne, qui a dû rouvrir en catastrophe ses centrales à charbon après avoir renoncé au nucléaire à la suite des événements de Fukushima. Si nous voulons donner corps au développement durable, il est beaucoup plus efficace de fixer des objectifs pragmatiques et réalisables à l'horizon 2030, 2050, etc. Choisir le bon espace-temps est une condition *sine qua non* pour convertir les déclarations d'intention en modalités concrètes d'action.

Comme l'a parfaitement illustré le chercheur Vaclav Smil, aucune transition énergétique ne s'est effectuée en quelques années. Toutes celles que nous avons connues depuis le XIXe siècle se sont étalées sur cinq ou six décennies. Avant d'être marquée par l'âge d'or du charbon, la révolution industrielle fut d'abord consommatrice de bois. La houille, qui atteignait à peine 5 % du mix énergétique mondial en 1840, ne s'est hissée au-delà de 50 % qu'après 1900. Le même constat prévaut pour le pétrole, dont la consommation est passée de 5 % en 1915 à 40 % en 1975. Ce n'est qu'en 1964 qu'il a supplanté le charbon. Abusés par l'illusion rétrospective et les visions simplificatrices, nous avons parfois tendance à imaginer que le XIXe siècle fut celui du « tout charbon » et le XXe siècle celui du « tout pétrole », alors que l'hégémonie de ces deux ressources résulta d'une logique de substitution qui s'est étalée dans la durée ; à chaque fois, il a fallu un demi-siècle ou plus pour que les investissements soient effectués et les infrastructures mises en place. La même erreur d'appréciation intervient lorsque nous prophétisons que le XXIe siècle sera l'ère du « tout renouvelable[91] ». Même si les

91. Vaclav Smil, « The Long Slow Rise of Solar and Wind », *Scientific American*, janvier 2014, p. 52-57, en ligne : vaclavsmil.com/wp-content/uploads/scientificamerican0114-521.pdf ; Dominique Mockly, *Le Pari du gaz*, *op. cit.*

EnR deviendront une composante essentielle du mix énergétique, elles ne le seront pas du jour au lendemain.

Ces lois de l'adaptation progressive se vérifient encore plus lorsque le paramètre humain entre en jeu. Il s'agit d'un vrai sujet pour les entreprises : quand on exige des collaborateurs qu'ils se fondent dans des *process* inédits, aillent plus vite ou adoptent des nouvelles technologies, la démarche se solde par un échec si le terrain n'a pas été préparé en amont. Les nombreux cas d'organisations qui ont vécu des déconvenues au cours de leur transformation digitale sont là pour en témoigner. L'être humain n'ayant pas une capacité d'adaptation infinie, il est impossible de le contraindre à des évolutions trop brutales.

En 2016, lorsque Teréga a mis sur pied son projet d'entreprise « Impacts 2025 », nous nous sommes donné dix ans pour conduire la transition énergétique et digitale de la société. Si les efforts engagés par l'ensemble des équipes ont permis d'obtenir des concrétisations plus rapides que prévu, l'accent a été mis en priorité sur l'adaptation du capital humain et sur le sens des changements initiés. Nous savions qu'il était essentiel d'embarquer les femmes et les hommes de l'entreprise dans cette direction en les rendant acteurs et bénéficiaires de cette mutation ; l'ADN de Teréga devait rendre indissociables les dimensions digitales et humaines.

Outre l'orientation du projet vers le client, nous avons érigé la *business excellence* en pilier, articulé autour de la responsabilité et de l'efficacité : nous avons travaillé sur notre impact local, diminué les gaspillages en optimisant les *process*, et valorisé le volet humain en demandant à chaque direction d'accompagner ses collaborateurs vers le meilleur niveau. En résumé, nous ne nous sommes pas contentés d'augmenter l'efficacité en réduisant les délais : nous avons fait en sorte que chacun grandisse et libère son potentiel en participant à ce projet. Sécuriser et accélérer ont été les deux maîtres-mots de ce chantier destiné à consolider nos acquis à court terme et à mieux servir les objectifs innovants correspondant à l'ambition ultime de l'entreprise. Complétée par une politique de notoriété qui a consisté à expliquer cette transformation en interne comme en externe, à élever le débat sur les enjeux stratégiques et globaux de l'industrie des énergies, et à se confronter à des positions contraires aux nôtres, cette démarche a permis de donner du sens à toutes les composantes du projet « Impacts 2025 ».

Certes, on ne gouverne pas un pays comme on gère une entreprise. Bien qu'il y ait quelques similitudes, la comparaison présente ses limites. Cependant, de tels enseignements sur la vitesse du changement méritent d'être intégrés par-delà le champ de l'économie. Au niveau de la société, les résistances sont encore plus fortes, puisqu'il n'y a pas de managers de proximité pour réguler le système ou rendre les bouleversements moins violents. Dans un contexte d'accélération de la mondialisation digitale, les disparités engendrées sont encore plus profondes, dessinant des sociétés à deux vitesses où les inégalités dans l'accès aux biens et aux services renforcent les tensions et les frustrations. Dès lors, le politique devrait se consacrer pleinement à une ambition : accorder la vitesse de pénétration des innovations technologiques et servicielles avec la réelle capacité d'adaptation des citoyens, en créant une impulsion pour les moins favorisés et en conférant une signification aux turbulences que nous vivons. À l'heure actuelle, qui est en mesure d'expliciter le cap poursuivi par la France et l'Europe à l'horizon 2025 ou 2030 ?

CHAPITRE VI

Des démocraties sous pression

« Les développements récents de la mondialisation ont en partie rééquilibré le pouvoir et les richesses, transférés d'États occidentaux riches [...] *vers les pays émergents* [...]. *Mais cela ne doit pas conduire pour autant à désavantager les personnes les plus pauvres des pays riches, ni à court-circuiter des priorités nationales bien enracinées. »*

DAVID GOODHART, Les Deux Clans

Dans un long entretien accordé à la revue *Le Grand Continent* en novembre 2020, Emmanuel Macron a livré un diagnostic sans concession sur les déséquilibres qui affectent les démocraties occidentales dans le cadre de la globalisation : « Le fonctionnement de l'économie de marché contemporaine et financiarisée a permis l'innovation et la sortie de la pauvreté dans certains pays, mais il a accru les inégalités dans nos pays. Parce qu'il a délocalisé massivement, parce qu'il a réduit au sentiment d'inutilité une partie de notre population, avec des drames économiques, sociaux mais aussi psychologiques profonds : nos classes moyennes en particulier, et une partie de nos classes populaires ont été la variable d'ajustement de cette mondialisation ; et cela est insoutenable. C'est insoutenable, et on l'a sans doute sous-estimé[92]. » Et le président de la République

92. Interview du président Emmanuel Macron à la revue *Le Grand Continent*, 16 novembre 2020. En ligne : www.elysee.fr/emmanuel-macron/2020/11/16/interview-du-president-emmanuel-macron-a-la-revue-le-grand-continent.

française d'énumérer les fondements de notre contrat social qui ont été fragilisés au fil du temps : la perspective d'ascension pour les milieux populaires, l'accès aux libertés individuelles, l'équilibre entre protection sociale et économie de marché[93].

À l'aube de la décennie 2020, nous nous situons bel et bien à un point de bascule de notre histoire. Si nous ne nous donnons pas les moyens de décompresser la mondialisation, nous courons un risque de fragmentation économique et sociale qui ouvre la porte à tous les extrêmes. L'évolution politique des dernières années tend malheureusement à confirmer cette crainte. De la vague populiste et fondamentaliste à l'affirmation des régimes autoritaires en passant par le retour de mesures protectionnistes ou la crise de l'intégration européenne, les signes d'affaiblissement de nos démocraties libérales sont légion. Alors que la « fin de l'Histoire » prophétisée par Francis Fukuyama[94] était censée coïncider avec le triomphe de ce modèle et le sacre de l'économie de marché, nous assistons plutôt à la montée en puissance de phénomènes contraires.

La crise du modèle démocratique français

La France, un pont suspendu ?

Ces tensions sont d'autant plus saillantes que nos gouvernants éprouvent les pires difficultés à résoudre le « trilemme de la mondialisation ». Articuler souveraineté nationale, institutions démocratiques et intégration à l'économie globalisée[95] n'a jamais semblé aussi complexe. Le Brexit, l'élection de Donald Trump en 2016 et

93. *Ibid.*
94. Francis Fukuyama, *The End of History and the Last Man*, Free Press, 1992.
95. *Ibid.*

la crise des Gilets jaunes ont constitué une série d'avertissements parmi tant d'autres. Bien que chacun de ces événements présente des spécificités, tous ont démontré qu'une frange croissante de la population des pays de l'OCDE considérait davantage les inconvénients que les bienfaits de la mondialisation, sans compter le rejet de la classe politique traditionnelle, jugée – à tort ou à raison – incapable de répondre aux principales préoccupations des classes populaires : réduction des inégalités, demande de sécurité économique et culturelle, volonté d'être associées à la prise de décision.

En France, la situation est peut-être plus périlleuse qu'ailleurs dans la mesure où le pouvoir central concentre l'essentiel des prérogatives… et des critiques. Sans retracer l'histoire de notre pays et de son héritage centralisateur, qui a été le fil rouge reliant l'Ancien Régime à la Révolution[96] et à la Ve République, disons que nous atteignons sans doute les limites d'un modèle. En confiant les rênes de la nation à une seule personne ou presque, nous avons construit une sorte de pont suspendu : une énorme masse de béton passant d'une rive à l'autre et reposant sur un pilier central, sur lequel les haubans tendus renvoient toutes les contraintes d'une structure de plus en plus difficile à soutenir.

Or, plus l'espace s'agrandit, plus les deux rives s'éloignent l'une de l'autre. Plus le temps passe, plus les champs économiques, sociaux et médiatiques répercutent la tension vers le sommet de l'ouvrage, augmentant la pression qui pèse sur le pylône. À l'épreuve des années et des tempêtes, ce dernier n'a plus la force de résister, et menace de céder, qui plus est avec des fondations qui s'effritent… À l'heure où les valeurs qui conditionnent notre contrat social ne trouvent plus forcément un écho dans l'esprit des

96. Alexis de Tocqueville, *L'Ancien Régime et la Révolution*, Michel Lévy Frères, 1856. En ligne : gallica.bnf.fr/ark:/12148/btv1b8622134v.

citoyens, les soubassements de l'édifice républicain paraissent plus que jamais en voie d'érosion.

Le sens de nos valeurs

En théorie, notre démocratie s'appuie sur des droits individuels qui garantissent à chacun une existence épanouie : la liberté de s'exprimer, d'entreprendre, de choisir peu ou prou son travail et de participer aux destinées du collectif. Mais pour que cela fonctionne, il faut que le pouvoir central soit modeste, même s'il conserve les attributs de sa puissance. Tout le monde a en tête la célèbre affirmation de Paul Valéry : « Si l'État est fort, il nous écrase. S'il est faible, nous périssons[97]. » Cet équilibre dans l'art du pouvoir reste un enjeu de taille pour les démocraties contemporaines, en particulier en France où le principe de liberté est fréquemment sacrifié aux impératifs d'égalité. Si le gouvernement concentre trop de prérogatives, il finit par étouffer les initiatives des citoyens et la vitalité du débat public. Cependant, s'il n'est plus capable de légitimer son autorité et de créer un consensus autour de valeurs partagées, la cohésion du pays est directement menacée.

Il y a là un défi de premier ordre pour les prochaines élections présidentielles en France. Le bon candidat sera celui qui parviendra à donner une réponse satisfaisante et crédible aux interrogations suivantes : quel est le sens des valeurs qui nous réunissent ? Comment redéfinir l'identité d'une démocratie française qui en manque cruellement ? Quels sont les fondamentaux de notre projet commun, par-delà le triptyque « Liberté, Égalité, Fraternité » ? Peut-on faire en sorte que l'Europe nous réunisse tout en garantissant notre souveraineté et notre autonomie stratégique ?

97. Paul Valéry, *Regards sur le monde actuel*, Librairie Stock, 1931. En ligne : gallica.bnf.fr/ark:/12148/bpt6k1510319s.image.

Le gouvernement, garant des équilibres

Face à une crise de la fonction politique qui répond de moins en moins aux attentes des individus autonomes et connectés, nous avons besoin d'une forme de régénération démocratique. Il faut prendre acte du fait que certains mécanismes sont trop stéréotypés ou sclérosés, et que les responsables politiques nationaux n'ont plus nécessairement les moyens de leurs ambitions. En entretenant l'illusion d'une toute-puissance (telle que l'aptitude à régler tous nos problèmes quotidiens), nous ne faisons qu'accentuer la défiance à l'égard des élites et la fragilisation de nos institutions.

Ce qui serait salvateur, ce serait une équipe politique qui présenterait un projet compréhensible, simple, articulé autour de quelques valeurs concrètes dessinant de grandes orientations en laissant des chemins ouverts et en procédant à des consultations régulières des citoyens ; le politique doit s'attacher à la cohérence de son action et au respect de principes directeurs, plus qu'à la déclinaison d'une litanie de projets de lois ou de propositions qui ne seront pas toujours appliquées… La priorité d'un gouvernement n'est pas de réglementer tous les aspects de la vie en collectivité. Il doit plutôt veiller à la cohésion du corps social et faire en sorte que son territoire soit attractif et résilient. Il doit aussi rendre les citoyens flexibles par rapport à un environnement incertain, en leur offrant à la fois une protection et une capacité de rebond face aux aléas. En résumé, il joue le rôle de garant des équilibres économiques, sociétaux et territoriaux.

Régénérer la politique à l'échelle locale

Créer un continuum entre le local et le national

Pour faciliter cette régénération du politique et de la démocratie, il faut commencer par donner davantage de pouvoir au terrain. En effet, la cohérence d'un ensemble passe par la cohésion locale, à l'image d'une structure fractale ou cristalline : dans les territoires, il faut une réelle symbiose entre les responsables politiques, le personnel administratif, les citoyens et les entreprises, et ce dans toutes leurs facettes, afin de garantir l'intérêt général à tous les échelons.

Ces dernières années, nous avons donné du pouvoir aux régions, sans qu'il existe de véritable mécanisme institutionnel qui le traduise dans les débats nationaux. De la même façon, nous continuons d'entretenir un clivage entre le local et le national, alors que cela n'a aucun sens. Nous devrions *a contrario* instaurer un continuum entre ces deux pôles. Il s'agit moins de répartir les pouvoirs comme des prés carrés que de déterminer les tâches précises qui incombent à chacun, en identifiant l'échelon le plus pertinent pour conduire telle ou telle mission.

On le voit très bien au travers des polémiques plus ou moins stériles autour de l'existence d'une police municipale armée. Le vrai sujet n'est pas de savoir si les fonctionnaires pouvant faire usage d'un pistolet ou d'un dispositif de défense doivent être nationaux ou territoriaux. L'enjeu principal est de délimiter le périmètre d'activités et d'intervention qui les rend plus efficaces : qu'elle soit armée ou non, la police municipale doit être au contact du terrain, aux prises avec des réalités et des situations qu'elle maîtrise sans doute mieux que ses collègues ; quant à la police nationale, elle bénéficie de moyens de coordination et de possibilités qui facilitent le travail d'enquête, sans qu'une présence quotidienne sur le terrain soit nécessaire.

Plus généralement, quel que soit le domaine considéré, il revient à l'échelon national de collecter des informations, de mener des études, d'organiser les débats et de définir une posture politique centrale pour mettre en place les éléments structurants du projet démocratique. Sur le modèle de « l'entreprise libérée[98] » qui laisse les initiatives éclore après s'être dotée d'une raison d'être et d'un objectif supérieur, le gouvernement doit ensuite offrir des marges de manœuvre suffisantes aux échelons territoriaux pour animer les débats, résoudre les problèmes concrets des citoyens, organiser des référendums locaux, et redonner du pouvoir aux individus sur les décisions qui conditionnent directement leurs vies.

Tirer les enseignements du modèle suisse et supprimer le Sénat ?

À ce titre, nous aurions tout intérêt à tirer des enseignements du fonctionnement du modèle suisse. N'oublions pas que nos cousins helvètes se sont inspirés des principes chers à Rousseau, et leur ont donné corps en matière de démocratie directe. Ils ont peut-être mieux que nous réussi à concrétiser les idéaux des Lumières et de la Révolution française en les traduisant dans leurs institutions et en les adaptant à leur identité historique.

Pour qu'une démocratie suscite l'adhésion, il est indispensable d'instaurer des mécanismes de discussion avec le terrain et de laisser la possibilité aux citoyens de s'exprimer à l'échelle pertinente. C'est tout le sens des votations régulièrement organisées par le

98. Isaac Getz, Brian M. Carney, *Liberté & Cie. Quand la liberté des salariés fait le bonheur des entreprises*, Flammarion, coll. « Champs essais », février 2016.

pays. Fin 2020, deux consultations de ce type ont été proposées : une initiative populaire sur l'entreprise responsable pour protéger l'être humain et l'environnement, et une autre sur l'interdiction du financement des producteurs de matériel de guerre. Autant dire qu'il s'agit de vrais débats qui concernent aussi bien l'éthique des affaires que l'écologie. Pour chacune de ces votations, les Suisses ont reçu des documents résumant les débats au Parlement, les recommandations du gouvernement, les arguments des soutiens et des opposants, ainsi que des contre-projets. Sur la base de ces informations qui laissent la parole au maximum d'acteurs nationaux et locaux, le vote populaire a le dernier mot. Il départage les différents camps.

De la sorte, le fonctionnement démocratique est beaucoup plus harmonieux. En associant davantage les citoyens à la prise de décision, on conjure en partie les risques de défiance vis-à-vis du politique. Il en va de même avec des institutions comme le Conseil cantonal suisse, qui représente les territoires et a pour mission de rechercher un consensus avec le pouvoir central pour qu'une loi soit votée[99]. En France, nous pourrions très bien suivre cette voie en supprimant le Sénat et en le remplaçant par un Parlement des régions qui soulagerait la pression pesant sur le gouvernement. En effet, il serait souhaitable de renforcer les prérogatives politiques et économiques de nos collectivités locales en les transformant en interlocuteurs privilégiés des citoyens et des entrepreneurs. Par exemple, les régions, les départements et les municipalités disposent d'énormément d'outils pour revitaliser le tissu économique. Il n'existe pas, cependant, de réel espace de discussion et de décision pour interagir avec les entreprises et aligner les directions dans lesquelles chacune peut travailler, notamment en matière d'infrastructures ou d'investissements d'avenir.

99. À l'inverse, presque personne ne connaît l'identité de la présidente de la Confédération suisse, Simonetta Sommaruga, qui dirige le Conseil fédéral depuis janvier 2020.

Mieux communiquer avec les citoyens

La mondialisation engendre paradoxalement un retour en grâce du local et un désir d'ancrage dans les territoires. Pour décompresser et afin de lutter contre le populisme, il est donc impératif de multiplier les initiatives qui répondent à cette aspiration des individus et à la crise de confiance dont font l'objet les responsables politiques nationaux. Organisation de référendums locaux, soutien à la presse régionale et au pluralisme, mise en place d'un Parlement des régions, etc. : voilà autant de pistes qui permettraient de créer des espaces de communication entre les élites et le peuple. Cela aurait peut-être plus d'impact qu'une Convention citoyenne où l'on remet une poignée de personnes au centre du système, sous la pression des lobbies ou d'intérêts particuliers. Il ne faut pas avoir peur d'écouter les citoyens et de les intégrer à la prise de décision.

De la même façon, il faut se rapprocher des individus pour communiquer avec eux et rompre avec le sentiment que la parole venue d'en haut ne les concerne pas. Pourquoi ne pas s'inspirer, sur le plan politique, de ce qu'effectue Bpifrance avec son Big Tour qui sensibilise les Français à l'entrepreneuriat et aux savoir-faire hexagonaux en leur montrant « toutes les richesses de nos différentes industries, nos innovations, les nouvelles technologies, toutes les forces vives du moteur France réunies sous un même étendard[100] » ? Le succès de cette opération repose sur deux ingrédients : d'une part, elle s'adresse aux citoyens là où ils sont, sur leur lieu de vacances, à la plage, dans un état d'esprit fun et festif ; d'autre part, elle casse les codes de la communication institutionnelle tout en privilégiant le dialogue de terrain autour d'activités concrètes (l'impression 3D, la construction d'une maison, la compréhension du monde des énergies) qui suscitent de l'enthousiasme et des vocations.

100. *Cf.* www.bpifrance.fr/A-la-une/Actualites/Bpifrance-continue-son-Big-Tour-!-50401.

En somme, pour se reconnecter aux citoyens, notre classe politique doit recréer des liens entre l'échelle nationale et l'échelle locale. En l'absence de ce continuum, la fragmentation entre territoires et individus ne fera que s'accentuer, menaçant la cohésion de notre pacte social.

Les piliers d'un pacte social reformulé

En déléguant plus de pouvoir à l'échelon local, le gouvernement pourra se recentrer sur sa mission prioritaire : expliciter les éléments du ciment national et formuler un projet démocratique autour de valeurs sociétales ayant du sens pour le plus grand nombre. Afin qu'une démocratie reste en pleine santé, elle a besoin de s'appuyer sur quelques piliers intangibles qui assurent sa solidité et sa pérennité.

Faire de l'éducation une priorité

L'éducation et la formation tout au long de la vie doivent évidemment constituer la base de notre édifice républicain. Elles sont essentielles à la préservation d'un consensus de valeurs et de confiance, ainsi qu'à la montée en compétences de la population dans un contexte où la quatrième révolution industrielle menace de disparition certains emplois. À ce titre, il est impératif de mieux clarifier les rôles dévolus à l'école et à la famille. L'hyperspécialisation en matière d'instruction n'est pas une solution. Tout ne peut pas être confié à l'Éducation nationale. Les parents possèdent eux aussi une responsabilité dans ce champ.

Or, nous l'oublions trop souvent : au nom du principe de spécialisation, nous avons eu tendance à sous-traiter l'éducation à la puissance publique en considérant que les parents avaient déjà un travail à remplir le reste de la journée… Ce fut sans doute une erreur. Il existe une complémentarité entre la famille, qui transmet des valeurs individuelles et civiques, et l'Éducation nationale, qui enseigne un socle de connaissances et de compétences. Nous ne remédierons jamais à la « crise de l'éducation » si nous n'associons pas ces deux pôles.

En outre, l'éducation reste un puissant vecteur d'intégration des immigrés. Si nous voulons rester un pays ouvert, fidèle à sa tradition d'accueil et de tolérance, nous devons être capables de former et d'acculturer ceux qui choisissent de s'installer en France. C'est notamment ce que fait la Suisse en imposant la nécessité de parler l'une de ses trois langues et de répondre à un questionnaire sur la culture et la citoyenneté du pays. Dans ce domaine, il ne faut pas vouloir franchir trop vite les étapes de l'intégration. Au contraire, nous devons consacrer un certain temps à l'éducation et à la formation de ceux qui souhaitent nous rejoindre pour qu'ils puissent s'associer à notre contrat social et en être pleinement parties prenantes.

À l'heure où la mondialisation réveille les passions identitaires, l'immigration devient un sujet brûlant qui met nos démocraties sous tension et alimente des positions caricaturales. Quand les uns proposent de nous enfermer derrière d'illusoires lignes Maginot, les autres plaident en faveur d'une ouverture totale de nos frontières. Aucune de ces deux options n'est viable sur les plans politique et économique. La seule solution est de continuer à accueillir un certain nombre d'étrangers – qui enrichiront culturellement et matériellement notre pays – tout en se donnant les moyens, en particulier dans le domaine éducatif, de les intégrer à notre modèle.

Garantir les libertés et droits fondamentaux

En parallèle, il est indispensable de mieux protéger nos libertés et nos droits fondamentaux, qui sont remis en cause aussi bien à l'intérieur qu'à l'extérieur de notre pays. Dans l'Hexagone, nous avons, hélas, la fâcheuse manie de sacrifier la liberté au nom de l'égalité, en oubliant que la première est notre bien le plus précieux, celui-là même qui garantit l'égalité et la fraternité entre citoyens. Sans liberté, les deux autres valeurs deviennent des chimères, des notions vides de sens. Les mirages politiques du XXe siècle et leurs promesses de lendemains qui chantent ne l'ont que trop bien rappelé.

Promouvoir les droits fondamentaux consiste entre autres, par-delà la sphère économique, à revitaliser le fonctionnement politique de nos démocraties, à étendre l'exercice du pouvoir à toujours plus de citoyens, et à favoriser un accès égal aux libertés dans le cadre du pacte social. Dans l'optique de la décompression, il y a bien sûr l'inclusion et l'élargissement des leviers de décision à des parties prenantes et des « minorités » qui disposent traditionnellement de moins de pouvoir. Dans cette perspective, tout ce qui contribue à l'émancipation des femmes doit continuer à être encouragé. Il s'agit d'ailleurs de l'un des Objectifs de développement durable (ODD) fixés par les Nations unies : « L'égalité des sexes n'est pas seulement un droit fondamental à la personne, elle est aussi un fondement nécessaire pour l'instauration d'un monde pacifique, prospère et durable. Des progrès ont été réalisés au cours des dernières décennies. Davantage de filles sont scolarisées, moins de filles sont contraintes de se marier précocement, davantage de femmes siègent dans les parlements et occupent des postes de direction, et les lois sont réformées afin de faire progresser l'égalité des sexes. En dépit de ces avancées, de nombreux défis subsistent : les lois et les normes sociales discriminatoires restent omniprésentes ; les femmes restent sous-représentées à tous les niveaux du pouvoir politique[101]. » En France, notons que des mesures comme l'allongement du congé parental pour les pères vont dans le bon sens : elles permettent aux femmes de ne pas handicaper leur carrière professionnelle après leur grossesse et de ne pas renoncer à certaines perspectives. Il reste cependant des efforts à consentir pour que ces progrès se traduisent au sommet des entreprises et dans le champ politique. Malgré les lois sur la parité, les femmes demeurent encore minoritaires aux postes de commandement.

Nous ne bâtirons pas de démocratie solide et apaisée si nous ne créons pas une cohésion politique suffisante qui confère à une majorité de citoyens la possibilité de jouir des mêmes libertés et droits fondamentaux. C'est tout le défi des prochaines années : réaffirmer et concrétiser des libertés qui forment le socle de notre contrat social et le ciment autour duquel s'unir collectivement. La démocratie française a plus que jamais besoin de ce second souffle face aux menaces de délitement et aux attaques de tous ceux qui contestent ses valeurs.

Forger un projet politique et réaffirmer des principes structurants est un exercice qui demande du temps. Cependant, quand ces fondamentaux sont acceptés et ancrés, la machine tourne beaucoup plus facilement. Tel est le rôle qui incombe à notre gouvernement : assurer une certaine sécurité, défendre l'essence de nos libertés, construire une adéquation entre l'individu et son écosystème. Ces piliers constituent une architecture essentielle pour accompagner les citoyens face aux évolutions d'une nation et d'une mappemonde soumises à des vents contraires. Plus ces fondations seront solides, moins nous subirons les chocs et les tensions qui affectent l'échiquier international et se répercutent sur les démocraties libérales.

101. *Cf.* le site des Nations unies dédié aux objectifs de développement durable : www.un.org/sustainabledevelopment/fr/.

CHAPITRE VII

Un nouvel art de la guerre pour l'Europe

« Après soixante années d'aventure communautaire, l'Europe se trouve confrontée à un double défi : celui de son existence et celui de son adaptation à l'environnement international. Les Européens ont voulu voir le monde à leur image ; ils sont en train de redécouvrir sa violence, à l'extérieur comme à l'intérieur de leurs frontières. »

THOMAS GOMART, L'Affolement du monde

Depuis la fin de la guerre froide, nous sommes passés d'un monde bipolaire à un monde multipolaire où l'affrontement entre grands blocs subsiste sous une autre forme. À l'opposition entre démocraties occidentales et républiques soviétiques s'est substituée une rivalité sino-américaine qui place l'Union européenne dans une situation délicate. Ballotté entre les intérêts des uns et des autres, le « Vieux Continent » n'a pas encore trouvé de positionnement adéquat et de modèle alternatif face à ces deux géants.

Quel positionnement de l'Europe face à la rivalité sino-américaine ?

Les deux rives du Pacifique : des modèles productivistes et centralisés

D'un côté, il y a la compétition *made in America*, qui est tout sauf décompressée, puisqu'elle s'appuie sur une optimisation des chaînes de production et de logistique, ainsi que sur la recherche d'une efficacité économique et financière maximum. Depuis plusieurs décennies, les États-Unis ont su mettre l'ouverture des frontières et le commerce international au service de leur rayonnement et de leurs entreprises. Quant à leurs lobbies, ils sont très présents au sein de l'UE, n'hésitant pas à jouer sur les divisions entre nations européennes.

De l'autre côté, il y a la Chine, dont le pouvoir politique ultracentralisé a soutenu le développement de fleurons du digital (les BATX) et d'industries qui concurrencent directement les nôtres sur les plans technologique, intellectuel et des matières premières. En pointe dans le domaine de l'intelligence artificielle[102] et des énergies renouvelables – avec une posture écologique qui est également utilisée à des fins de communication et d'affichage –, les Chinois ont su s'imposer comme une puissance économique de premier plan. En Europe, cet éveil de l'empire du Milieu a également accentué l'impression de vivre dans un univers où la pression et la vitesse sont de plus en plus marquées. Pour résister à l'affirmation de la Chine et suivre le mouvement, nous sommes obligés d'accélérer sans disposer des armes qui sont les siennes.

102. Kai-Fu Lee, *I.A. La Plus Grande Mutation de l'histoire. Comment la Chine devient le leader de l'intelligence artificielle et pourquoi nos vies vont changer*, Les Arènes, septembre 2019.

En somme, l'Union européenne éprouve d'immenses difficultés à affirmer sa stratégie face aux modèles productivistes et centralisés qui prévalent sur les deux rives du Pacifique : « Son projet correspond à une certaine conception de la mondialisation reposant sur l'économie de marché, la liberté de circulation et la démocratie représentative, conception aujourd'hui contestée à la fois par des puissances extérieures et par des forces politiques en son sein[103]. » L'Europe a donc besoin d'un second souffle pour exister dans la compétition internationale du XXIe siècle et susciter l'adhésion de ses citoyens.

L'Union européenne, promotrice d'une mondialisation décompressée et responsable

La meilleure façon de s'engager dans cette voie serait d'accélérer la construction européenne autour d'un modèle de mondialisation décompressée et responsable qui utilise au mieux l'espace, intègre l'économie dans son environnement, et aligne le développement technologique avec l'épanouissement individuel et collectif. Pour que cette décompression ne soit pas synonyme d'affaiblissement vis-à-vis de la Chine et des États-Unis, nous ne devons pas être naïfs. Nous ne pouvons nous contenter d'une posture et d'une vision défensives. Il nous faut opter pour une approche offensive qui se traduise par un nouvel art de la guerre en adéquation avec nos valeurs, nos compétences humaines et nos richesses matérielles. Dans les organismes internationaux, l'Europe a vocation à jouer le rôle de juge de paix des grands équilibres commerciaux, environnementaux et digitaux, en s'intéressant en priorité aux trois sphères de combat qui alimenteront les batailles économiques des prochaines années : les matières

103. Thomas Gomart, *op. cit.*

premières, le défi écologique, et la maîtrise de l'écosystème numérique.

En parallèle, cette régénération du projet européen doit s'accompagner d'un esprit de reconquête. Face aux tentations impérialistes des États-Unis en Amérique latine et à la dépendance de l'Afrique à l'égard de la Chine, les Européens ont tout intérêt à promouvoir des solutions alternatives et responsables qui épousent les préoccupations des nations émergentes et en voie de développement : explosion démographique, raréfaction des ressources, désertification de certaines zones, externalités négatives liées à l'exploitation des terres rares, et urbanisation galopante. Ce sont autant d'enjeux pour lesquels l'Europe peut proposer un modèle de mondialisation décompressée promouvant la valorisation du local, le raccourcissement des distances, ainsi que le respect de normes en matière d'empreinte environnementale. L'Europe doit ouvrir le champ des possibles aux espaces denses de demain en leur offrant des débouchés, des formations et des innovations qui serviront leur développement sur le long terme et qui permettront à leurs talents d'agir sur place.

Comme le souligne à juste raison l'historien et directeur de l'Institut français des relations internationales (Ifri), Thomas Gomart, « l'UE joue aussi son avenir dans sa capacité à construire des relations euro-méditerranéennes et euro-africaines solides et équilibrées[104] ». Le constat peut également s'appliquer à l'Amérique du Sud, même si la proximité géographique, historique et culturelle fait des pays africains des partenaires privilégiés pour nouer des alliances. Cela paraît d'autant plus pertinent que nous assistons, dans le secteur des énergies, à un déplacement du centre de gravité mondial. Si nous nous dirigeons vers un univers décarboné, les

104. *Ibid.*

matières premières de demain changeront d'emplacement : elles ne seront plus au Moyen-Orient, qui deviendra une zone de risque géostratégique dans la mesure où elle perdra de son influence, mais en Chine, en Amérique latine et en Afrique. Ce mouvement est déjà observable de nos jours.

Se doter d'armes adaptées à la compétition économique du XXIe siècle

Bâtir une école de pensée économique au service d'une vision alternative

Pour retrouver son aura et incarner une posture rassemblée, il est essentiel que l'Europe apparaisse comme porteuse d'un message novateur. Ces enjeux de communication et de *soft power* ne sauraient être négligés, qui plus est dans un monde digitalisé où l'image et l'influence sont parfois brouillées par les effets d'immédiateté et l'emballement de l'information. Il est primordial d'avoir une colonne intellectuelle et une stratégie clairement identifiée pour être audible dans cet environnement. Développer des partenariats fructueux et pérennes avec des pays africains et sud-américains suppose de proposer une vision ambitieuse et alternative, en rupture avec les modèles de croissance prônés par les Américains et les Chinois.

À cet égard, l'Union européenne pourrait créer une véritable école de pensée économique pour réfléchir à la mondialisation décompressée et responsable. Nous ne manquons ni de chercheurs ni d'intellectuels – de Jean Tirole à Jeremy Rifkin – pour donner une impulsion à ce type d'initiative et la concrétiser autour de quelques grandes écoles et universités organisées en réseau. De nos jours, la guerre économique se gagne aussi sur le terrain des idées. C'est d'ailleurs ce qu'ont compris les Américains en érigeant la marque-territoire « Silicon Valley » en étendard de l'innovation et de la mondialisation technologique.

Bénéficiant du soutien du complexe militaro-industriel, d'un vivier de chercheurs à Berkeley et Stanford, ainsi que du dynamisme de l'écosystème du capital-risque, la Silicon Valley est devenue plus qu'une région californienne : elle est une idéologie, un symbole qui résume la stratégie offensive des États-Unis et sa capacité à conquérir le monde grâce aux Gafa et aux Natu. Sa réussite se nourrit en partie d'un récit, construit par des entrepreneurs et des universitaires américains, qui vante l'excellence de ce modèle[105]. Face à ce succès, l'Europe doit se poser les bonnes questions : sera-t-elle capable de bâtir un contre-récit qui trace d'autres perspectives, tout aussi enthousiasmantes, pour la mondialisation digitale et l'économie de demain ? Comment éviter que les pays en pleine croissance se transforment en bassins de consommation pour les produits et services américains ou chinois ?

Plus généralement, il serait souhaitable de donner un sens au projet européen en l'articulant autour de quelques priorités explicites et de long terme : cinq axes au maximum que le Conseil européen pourrait porter dans le débat international. De l'éthique du numérique et de son rôle au service de la résilience systémique à la responsabilité environnementale en passant par la valorisation des externalités ou l'avènement des « villes intelligentes », il existe un certain nombre de sujets structurants et de tendances lourdes dont l'Union européenne pourrait facilement s'emparer.

105. Jean-Marc Bally, Xavier Desmaison, *Junk Tech. Comment la Silicon Valley a gagné la guerre du marketing*, Hermann, novembre 2020.

Mettre en place des normes et des taxes au service des équilibres internationaux

Encore faut-il qu'elle soit capable de traduire cette ambition par des actes et des orientations concrètes. C'est tout le défi qui entoure la mise en place de taxes et de normes dans les domaines de l'environnement et du digital notamment. L'erreur serait de les concevoir comme des outils de protectionnisme régional qui ne feront qu'aggraver les tensions et les mesures de rétorsion à l'échelle globale. Il faut au contraire les penser comme des instruments universels au service de modèles économiques responsables... même si cela concerne des produits européens dont le *business model* est moins vertueux. Pour entraîner des pays extérieurs à l'Europe dans ce mouvement, il est crucial d'élargir autant que possible notre prisme d'action et de réflexion afin de réduire les déséquilibres les plus criants.

Dans cette perspective, il serait préférable – comme cela était pour l'instant prévu – que la taxe Gafa fût instaurée au niveau de l'OCDE et ne se limitât pas à une initiative européenne : fin 2020, « un accord politique avait été trouvé de haute lutte, y compris avec les États-Unis, réticents depuis l'origine, autour d'un schéma visant à taxer mieux, et selon des règles claires, ces entreprises 2.0 qui échappent largement à l'impôt et délocalisent des profits dans les paradis fiscaux. Le projet devait même être soumis aux ministres des Finances du G20, à la mi-octobre, à Washington. En somme, la taxe mondiale était sur les rails[106] ». Si depuis, les négociations ont, hélas, achoppé, l'option privilégiée n'en demeure pas moins pertinente. En défendant ce dossier auprès d'un organisme international qui compte trente-sept pays membres et qui a regroupé

106. Alexandre Piquard, Anne Michel, « Taxe GAFA mondiale : l'OCDE et l'Union européenne font front commun face aux États-Unis », *Lemonde.fr*, 19 juin 2020.

cent trente-sept participants pour les pourparlers, l'Europe tente de trouver des alliés hors de ses frontières.

En taxant les activités produites et vendues sur place – au lieu des bénéfices –, nous pourrons changer non seulement les règles fiscales mais aussi la philosophie qui anime les mastodontes du numérique. La régulation s'accomplira par l'intérêt propre des plateformes d'être au plus près du terrain et du client. Décompresser le système suppose d'inciter ces acteurs à engendrer des externalités positives pour qu'ils suscitent moins d'oppositions et de tensions. Tous ceux qui ne joueront pas le jeu (comme une célèbre plateforme de VTC...) finiront par s'exclure eux-mêmes de la partie.

Il en va de même pour les dispositifs comme la taxe carbone. Ils ont d'autant plus de sens et de légitimité s'ils sont adossés à un large consensus. Pour le moment, « chaque pays a intérêt à ce que les autres fassent plus et à ne rien faire lui-même. Les économistes ont une proposition pour éviter le sujet des fuites de carbone et du dumping environnemental [...] : c'est de mettre une taxe carbone aux frontières d'une coalition dans laquelle existerait un prix du carbone unique. L'objectif [...] est [...] de raccrocher des pays récalcitrants au wagon. Selon le Prix Nobel William Nordhaus, il suffirait d'une taxe de 2 à 3 % pour que l'ensemble des pays du monde ait un intérêt individuel à rejoindre une coalition qui rassemblerait les États-Unis et l'Union européenne[107] ». L'instauration d'une tarification mondiale carbone encouragerait les investisseurs et les organisations à miser au plus vite sur des innovations liées aux énergies renouvelables. La crédibilité et l'attractivité de ces nouvelles technologies dépendent de cet environnement

107. AFP, « Un prix universel du carbone, la recette d'un économiste face au changement climatique », *L'Express*, 3 décembre 2019. En ligne : lentreprise.lexpress.fr/actualites/1/actualites/un-prix-universel-du-carbone-la-recette-d-un-economiste-face-au-changement-climatique_2109832.html.

réglementaire et fiscal pensé à une échelle globale ou *a minima* transcontinentale[108].

En la matière, l'Europe peut malgré tout continuer à montrer l'exemple. Elle doit prendre en charge, comme elle a commencé à l'effectuer pour les déchets, son empreinte environnementale, ce qui ne se limite pas qu'à la question du CO_2 : l'eau, la biodiversité et la gestion des externalités négatives constituent également des dossiers prépondérants sur le plan écologique. En démontrant que la prise en compte de ces sujets peut aboutir à des modèles vertueux et compétitifs, nous parviendrons plus aisément à convaincre d'autres pays et des entreprises extra-européennes d'adopter des mesures ambitieuses en faveur de l'environnement. De plus, l'évolution des normes peut concourir à cet objectif : en introduisant des indicateurs de responsabilité sociale et environnementale (RSE) dans les modèles de contrôle de gestion des entreprises et d'expertise comptable – dans le cadre des accords « Bâle IV » par exemple –, nous pouvons créer un cadre incitatif pour œuvrer dans cette direction, en outre en y ajoutant une dimension sécuritaire au travers d'indicateurs RSES !

Redonner une raison d'être aux organismes internationaux

Des problématiques telles que la régulation du digital, l'urgence écologique ou la coexistence d'une mondialisation globale et locale sont tellement importantes pour l'avenir commun de l'humanité que l'Europe doit les défendre au sein des organismes internationaux. Malheureusement, à l'heure actuelle, chacun constate que le fonctionnement de ces derniers est en panne. Alors que nous assistons à un réveil des souverainetés et que la diplomatie reste une prérogative des États, nous observons une crise du multilatéralisme

108. Dominique Mockly, *Le Pari du gaz*, *op. cit.*

et des difficultés grandissantes à s'emparer des défis globaux de manière concertée. La COP21 est peut-être le dernier événement en date à avoir permis des avancées significatives. Les règles de la mondialisation compressée arrangent certaines puissances qui profitent des dysfonctionnements du multilatéralisme.

Dans cette perspective, l'heure est sans doute venue d'examiner la raison d'être de ces organismes au regard de la nouvelle donne internationale. C'est un enjeu dont peut s'emparer l'Europe dès à présent afin de déployer et promouvoir un modèle qui fasse sens aux yeux du monde. Nous avons besoin de trouver des relais pour épauler et amplifier les messages de l'Union européenne. À l'échelle de l'histoire et des États-nations, ces organismes sont jeunes, puisqu'ils ont à peine 70 ans. Nous arrivons toutefois à un moment charnière où leur raison d'être doit être redéfinie à l'aune d'un contexte inédit. Cela signifie qu'il est fondamental de clarifier leur rôle pour les mettre au service des grands équilibres régionaux et globaux.

Par exemple, pourquoi ne pas intégrer dans les accords instituant l'OMC ce que les États doivent à leur population dans un monde ouvert ? On pourrait davantage mettre en valeur la capacité des espaces régionaux à subvenir à leurs besoins et à la sécurité de leurs citoyens dans le cadre de la mondialisation, de la même façon que l'on a pris en compte la composante environnementale.

Schématiquement, disons qu'il existe au moins trois types d'organismes internationaux.

Premièrement, ceux qui agissent sur le plan normatif et qui continueront de jouer un rôle majeur pour le commerce, la finance ou le développement technologique ; ainsi en va-t-il de l'OMC ou du FMI, même si la cohérence de leurs actions est parfois critiquée.

Deuxièmement, ceux qui remplissent une mission d'observatoire et d'analyse des données, tels que l'Organisation mondiale de la santé (OMS) ou l'OCDE. Leurs prérogatives et leurs champs d'intervention peuvent être appelés à évoluer en tenant compte des défis inédits qui se posent pour la planète. La crise sanitaire a notamment révélé les limites de l'OMS et la nécessité de la réformer pour qu'elle gagne en efficacité face aux pandémies. Quant à l'OCDE, on pourrait très bien la renommer, en ajoutant la composante environnementale (OCD2E : Organisation de coopération et de développement économiques et écologiques). Elle aurait dès lors pour responsabilité de calculer les externalités positives et négatives afin d'évaluer les modèles économiques des pays membres tout en préservant les dimensions positives des échanges commerciaux.

Troisièmement, ceux qui s'occupent de copilotage politico-économique, à la manière du G20. Ce sont des rendez-vous qu'il faudrait peut-être encore plus institutionnaliser, normaliser et rendre visibles pour mettre en lumière les points communs et les divergences entre les différents blocs. Dans ce domaine, l'Europe gagnerait probablement à être proactive en invitant tous les ans les grands dirigeants du monde à un séminaire intergouvernemental, plus ou moins informel, qui faciliterait les rencontres et les échanges. Ce serait un moyen intéressant de se repositionner au centre du jeu.

En définitive, l'Union européenne doit être capable de faire entendre sa voix dans ces organismes supranationaux – qui n'ont pas vocation à remplacer les États –, aux fonctions clarifiées, pour donner de grandes orientations dans les champs normatif, commercial et politico-économique, à condition toutefois de transcender ses querelles internes...

Actuellement, l'Europe est trop fragmentée : chacun des pays a du mal à abandonner ses prérogatives et son pouvoir. Or, si nous ne surmontons pas une partie de nos divisions, nous sommes condamnés à rester muets ou presque, avec des voix éparpillées. Pour faire rayonner notre modèle dans les sphères internationales de façon coordonnée, il faut accepter de déléguer à l'Union européenne notre voix dans certains organismes. Au sein d'autres institutions, nous pouvons toujours maintenir plusieurs pays… sous réserve de soutenir les mêmes candidats et un projet commun.

Tant que nous n'agirons pas en ce sens, avec un objectif commun porté par les États membres, nous resterons une zone à la merci des influences américaines et chinoises, lesquelles tirent profit de notre absence de cohésion. Cette unité politique face aux autres géants sera la première pierre d'un édifice qui permettra à plus long terme d'embarquer les citoyens derrière l'ambition européenne. Insistons sur ce point : il n'y aura pas d'Europe politique sans actions conjointes autour d'enjeux structurants et de preuves tangibles, offertes aux individus, que la construction européenne répond concrètement aux défis majeurs du présent et du futur.

Combler notre retard dans la galaxie digitale

De ce point de vue, les pays européens doivent aussi mieux coordonner leurs efforts et leurs stratégies en matière d'innovation industrielle et de technologies digitales. Sur le papier, nous sommes capables d'être indépendants. Nous ne sommes pas condamnés, comme le prétendent certains experts, à devenir une colonie numérique des États-Unis et de la Chine. Il n'existe pas de fossé technologique dans les centres de calcul, le *cloud* ou les systèmes d'information. Nous disposons du savoir-faire, des compétences humaines et de la culture scientifique nécessaires pour briller dans la galaxie digitale.

En revanche, force est de reconnaître que nous avons du mal à reprendre le train. Depuis les années 1990, où nous étions à la pointe des télécommunications, nous avons perdu du terrain. Si le soutien à des plateformes européennes reste bien évidemment un challenge de taille et un objectif souhaitable, il ne faut pas perdre de temps. Pour revenir en tête de peloton le plus vite possible, nos entreprises ne doivent pas hésiter à s'allier à des acteurs plus grands, comme a su le faire OVH en se rapprochant de Google, pour renforcer leur expertise et voler de leurs propres ailes à moyen terme. Les usagers n'attendront pas que les sociétés européennes se mettent au niveau de leurs concurrentes.

En parallèle, nous devons surfer sur la dynamique qui existe au sein des ETI et PME pour qu'elles choisissent les meilleures solutions technologiques et qu'elles soient primo-adoptantes (*early adopters*) d'innovations développées par les Européens. Dans ce domaine, nous comptons nombre de start-up, à l'échelle locale, qui développent des applicatifs numériques d'excellente qualité. La crise du coronavirus a en outre confirmé que les opportunités de rebonds et d'accélérations étaient réelles pour les PME misant sur la digitalisation.

Face à un défi aussi complexe que la bataille du numérique, aucune solution simpliste ne suffira à redresser la France et l'Europe. Au contraire, il est essentiel de multiplier les pistes pour maximiser nos chances de proposer une alternative à l'hégémonie sino-américaine. Qu'il s'agisse de renforcer nos plateformes grâce à une stratégie continentale – comme ont su le faire les Américains et les Chinois – ou de jeter les bases d'un environnement réglementaire et fiscal qui renouvelle les modèles économiques et incite les géants du digital à avoir un impact positif sur le plan local, les voies qui peuvent nous mener à la décompression sont plurielles.

La seule condition est de se regrouper autour d'un projet clair, tenant en quelques axes, afin de défendre nos intérêts sur la scène internationale et d'encourager d'autres pays à nous rejoindre sur le chemin d'une mondialisation décompressée. Il en va de l'Union européenne comme des démocraties occidentales qui affrontent une crise de sens et de légitimité.

Malgré les errements et les lenteurs des dernières années, il ne faut surtout pas oublier tous les bénéfices que nous a conférés ce système en un peu plus d'un demi-siècle : « Quand on aborde les crises traversées par l'UE depuis 2005, deux écueils doivent être évités. Le premier : négliger l'apport de soixante ans de construction en termes de pratiques et d'habitudes communes permettant aux Européens d'agir collectivement en dépit des réflexes nationaux. Le second : expliquer tous les maux nationaux par les décisions de Bruxelles dans une simplification révélant la méconnaissance, souvent volontaire, des principes et mécanismes institutionnels. Il n'en demeure pas moins une réalité aussi tangible que préoccupante : la profonde préoccupation d'une partie des sociétés politiques et de larges segments d'opinion pour le projet européen mis en œuvre par la technocratie bruxelloise[109]. » Voilà pourquoi il est urgent de lui redonner une profondeur de champ, un cap intelligible et des valeurs en écho aux aspirations des citoyens européens du XXIe siècle. Nous sommes parvenus à reconstruire ensemble un continent détruit par le conflit le plus meurtrier de l'histoire et à imaginer des coopérations inédites à l'échelle de l'humanité. Pourquoi échouerions-nous à régénérer notre projet et à infléchir le cours de la mondialisation dans un sens positif ?

109. Thomas Gomart, *op. cit.*

CHAPITRE VIII

Osons la décompression !
Trois voies vers une autre mondialisation

« La folie, c'est de faire toujours la même chose
et de s'attendre à un résultat différent. »

ALBERT EINSTEIN

Malgré les bénéfices engrangés grâce à l'ouverture des frontières, au développement du commerce international et aux progrès des nouvelles technologies, la dernière vague de mondialisation a coïncidé avec une série de heurts qui ont fragilisé nos sociétés. Depuis la crise de 2008, qui a mis en lumière les dérives de la finance globalisée, nous avons atteint les limites d'un modèle fondé sur l'accélération et la concentration… sans forcément trouver les solutions adéquates pour réinventer le logiciel de la mondialisation.

Proposant une relecture originale des événements qui ont lieu à cette époque, l'historien britannique Adam Tooze nous offre des clés de compréhension intéressantes pour appréhender les maux dont nous souffrons toujours, plus de dix ans après. Si la crise de 2008 a autant ébranlé le monde, ce n'est pas seulement parce qu'elle a déstabilisé la finance internationale : c'est parce qu'elle a provoqué une onde de choc politique, intellectuelle et morale dont nous ressentons encore les détonations.

De l'effondrement de la Grèce à l'élection de Donald Trump en passant par l'annexion de la Crimée et le Brexit, le cycle ouvert par la faillite de Lehman Brothers est avant tout celui d'une spirale de défiance, de fermeture et de rupture avec les dogmes libéraux de la fin du XXe siècle[110]. La « fin de l'Histoire » n'a pas eu lieu, et la dimension tragique s'est réinvitée sur le grand théâtre planétaire.

L'auteur de best-sellers Yuval Noah Harari n'explique rien d'autre lorsqu'il note que « depuis la crise financière mondiale de 2008, les habitants du monde entier sont de plus en plus revenus de leurs illusions au sujet du récit libéral. La vogue est de nouveau aux murs et aux pare-feu. La résistance à l'immigration et aux accords commerciaux s'amplifie. Des gouvernements soi-disant démocratiques sapent l'indépendance de la justice, restreignent la liberté de la presse et assimilent toute forme d'opposition à une trahison[111] ». La crise économique s'est doublée d'une crise de sens qui sape les fondements de nos croyances collectives et menace la vie des démocraties.

Comme nous l'avons démontré tout au long de cet essai, les symptômes de ces dysfonctionnements sont devenus légion : creusement des inégalités au sein des sociétés occidentales, fractures entre les métropoles mondialisées et les territoires périphériques, concentration des richesses et des pouvoirs dans le cadre de la digitalisation, perte de légitimité des élites, peur de l'effondrement lié à l'urgence écologique et climatique, etc.

Face à autant de défis complexes et critiques, certains seront sans doute tentés de baisser les bras, de s'en remettre à la fatalité, ou de compter sur les bonnes grâces de la « main invisible » des

110. Adam Tooze, *Crashed. Comment une décennie de crise financière a changé le monde*, Les Belles Lettres, octobre 2018.
111. Yuval Noah Harari, *21 Leçons pour le XXIe siècle*, Albin Michel, septembre 2018.

marchés. Ce n'est pas notre conviction. Toute crise comporte son lot d'opportunités et son potentiel de transformations positives, qui plus est à un moment charnière de notre histoire où nous avons la chance de surfer sur une vague technologique sans précédent et de capitaliser sur un gisement colossal de ressources sur le plan de l'intelligence collective. Le plus dur reste sans doute à faire, mais il nous ouvre le chemin vers un avenir meilleur.

Partout dans le monde, des initiatives décentralisées et autonomes voient le jour pour infléchir le cours de la mondialisation en réinventant les mécanismes qui régissent le fonctionnement de l'économie et de l'existence collective. Que l'on pense aux projets qui émergent au sein des incubateurs de start-up installés dans les grandes villes ou aux solutions plus discrètes mais tout aussi ingénieuses qui fleurissent dans les territoires, nombre d'individus osent innover, entreprendre et changer de regard sur l'environnement qui les entoure.

Tous ces signes ne trompent pas, et doivent nous inviter à l'optimisme. Ils révèlent une puissante envie, de la part des citoyens et des entrepreneurs, de s'emparer des outils modernes pour modifier la marche du monde. Dans ce contexte, les pouvoirs publics et les grandes entreprises ont la responsabilité d'accompagner et d'amplifier ce mouvement qui peut nous mener, à plus ou moins brève échéance, vers une mondialisation décompressée qui occupe tout l'espace, respecte autant que possible l'univers naturel dans lequel elle se déploie, et permet à une diversité d'acteurs de s'y épanouir.

Trois voies au moins méritent d'être explorées afin d'œuvrer dans cette direction.

Première voie : libérer les individus, les entreprises et les territoires de la concentration spatiale

Tout d'abord, il est primordial de libérer les individus, les entreprises et les territoires de la concentration spatiale qui finit par nuire à la créativité, au bien-être individuel et aux équilibres généraux de nos sociétés. Sans opposer les métropoles et leurs espaces périphériques ou les grands groupes et les start-up, nous devons veiller à une meilleure répartition des énergies, des talents et des gisements de création de valeur.

Une approche digital native *de l'innovation, des entreprises et de la ville*

À cet égard, nous pouvons compter sur la maturité croissante des dispositifs numériques pour enclencher une véritable dynamique de décompression. Le jour où le digital aura le même degré d'intégration dans l'usine, l'entreprise ou l'élaboration des politiques publiques que le smartphone ou l'électricité dans la vie des usagers, nous aurons franchi un cap décisif. De la même façon que les individus sont *digital natives*, nous avons tout intérêt à intégrer cette composante numérique dès la conception des modèles économiques et des modes d'organisation du collectif. Le but n'est pas seulement d'utiliser les innovations digitales comme des gadgets technologiques ou des remèdes à des systèmes mal pensés, mais bien de repenser nos modes de fonctionnement et de coopération d'emblée avec le digital comme élément constitutif. Vous verrez, cela change tout : cela permet par exemple de repenser les finalités de l'innovation, la vie de l'entreprise ou la dynamique des villes.

Miser sur l'usine 4.0 et la fabrication additive. Avec le passage à l'industrie 4.0, la décentralisation et l'éclatement des lieux de conception et de production sont maintenant d'actualité. Contrairement aux époques précédentes, où les ateliers de fabrication côtoyaient les bureaux d'études et de procédés, nous entrons dans un cycle où il est désormais possible d'imaginer le design et les gammes de fabrication depuis son domicile ou un espace de travail partagé. La déconcentration des usines va peu à peu devenir la norme. La 5G apporte quant à elle des avantages similaires, puisqu'elle permet de surveiller les sites de production à distance et de transmettre des informations sur place sans être présent, ce qui devrait pousser les entreprises à réimaginer la gestion de l'espace en fonction des employés, des ressources disponibles et des compétences.

Au cours des prochaines années, on assistera de plus en plus à une déconcentration des flux physiques et humains grâce au digital, ce qui peut déboucher sur un repeuplement et une revitalisation des territoires. À l'heure de l'usine 4.0 et de la fabrication additive, nos ETI et PME ont toutes les cartes en main pour miser sur l'industrie du futur et les ressources locales. Ces structures agiles peuvent être les fers de lance d'une économie circulaire et territoriale répondant aux défis structurants des décennies à venir : transition écologique et énergétique, valorisation des déchets et du recyclage, limitation des flux logistiques, création de synergies entre l'agriculture et l'industrie.

Développer le télétravail et des formes d'organisation alternatives. La déconcentration de l'espace est également facilitée par le recours au télétravail qui doit devenir un réflexe naturel – sans être un dispositif systématique ou permanent – des entreprises. Avec la généralisation du Wi-Fi et de la 4G, les organisations disposent de systèmes d'information et de moyens de communication plus sophistiqués qui encouragent le travail à distance et qui permettent de décompresser la relation avec les lieux professionnels. Les périodes de confinement imposées par l'épidémie de coronavirus ont accéléré la prise de conscience au sein des entreprises. Tout le monde a pu constater qu'il n'existait plus de barrières techniques au déploiement du télétravail, même si cette évolution impose nécessairement un accompagnement des managers et des salariés.

La vitesse de conversion de certaines organisations aux fonctionnements sur le mode « distanciel » prouve que la maturité des technologies numériques, aussi bien en entreprise que chez les particuliers, démultiplie le champ des possibles. Bien que les bureaux restent un lieu incontournable pour harmoniser la stratégie et assurer la cohésion des équipes, le télétravail offre en outre des moments de respiration et des bulles de concentration pour les salariés. Il fait partie des innovations qui renouent avec les promesses de décentralisation et de déconcentration qui ont toujours été la substantifique moelle de la révolution informatique et numérique.

Comprendre l'enjeu des *smart cities*. La déconcentration de l'espace passe également par la création de cités réellement intelligentes. Dans un pays comme la France, l'objectif n'est pas de ressusciter les villes nouvelles dans un format 2.0, ou de reproduire ce qu'entreprennent certaines nations avec la construction de *smart cities* faisant l'impasse sur la dimension humaine et la capacité à créer des lieux de vie qui restent l'ADN de la condition urbaine.

Pour le moment, nous continuons trop souvent d'agglomérer les individus dans des métropoles en nous demandant comment les technologies permettront, *a posteriori*, de régler les problèmes. En réalité, il faudrait plutôt réoccuper les villes moyennes et se servir du potentiel du numérique pour redynamiser ces espaces. Cela concerne tous les domaines, notamment l'attractivité culturelle, qui demeure le parent pauvre en dehors des grandes villes. Avec l'essor du digital, un certain nombre d'obstacles liés à la distance sont surmontés. On peut dorénavant proposer, comme c'est le cas à Pau, des événements en lien avec les grands musées français et les plus belles expositions, en offrant un niveau de culture de première main dans des lieux qui n'ont pas l'habitude de les recevoir.

Un mouvement de déconcentration au profit des villes moyennes et des territoires

Réinvestir les villes moyennes. Au lieu de densifier toujours davantage les zones urbaines et de faire des métropoles les « locomotives » de la mondialisation, nous devons réinvestir les villes moyennes et apprendre à valoriser les espaces ruraux et périurbains grâce aux instruments de communication modernes dont nous disposons et à une meilleure association entre les pouvoirs publics et les gestionnaires d'infrastructures.

Pour la France, qui souffre d'un excès de centralisation, la priorité est en effet de réoccuper les villes de taille intermédiaire, avec un mouvement de déconcentration des sièges sociaux, une organisation déconcentrée du travail, la multiplication des espaces collaboratifs et la mise en synergie des opérateurs délégataires de services publics.

Déconcentrer les sièges sociaux des grandes entreprises et donner de l'autonomie aux entités locales. Cet objectif peut notamment être stimulé par la déconcentration des sièges sociaux des grandes entreprises. Le tout est de mieux répartir les centres de décision et les pôles économiques sur le territoire en déplaçant une partie des sièges sociaux, ou en créant des antennes locales jouissant d'une réelle autonomie. Pour que ces projets soient couronnés de succès, il est impératif de nouer un dialogue entre l'entreprise qui délocalise et la collectivité qui l'accueille. Instaurer une culture de la confiance figure également parmi les prérequis : les politiques locaux doivent acquérir une culture économique tandis que les entreprises doivent s'intéresser davantage à la structure sociale et aux atouts des territoires pour créer de la valeur au sens large du terme.

Pour mener à bien cette transition, la France gagnerait à s'inspirer du maillage qui existe en Allemagne avec des villes multicellulaires et une multispécialisation des territoires qui engendrent de la résilience sur les plans économique et social. Sortir de la logique de concentration et d'ultraspécialisation au sein de deux ou trois grandes métropoles nous permettrait de mieux répartir l'activité et de relâcher la pression qui pèse sur des villes comme Paris, Lyon ou Marseille.

Défendre l'attractivité des territoires grâce aux infrastructures et à la formation. En parallèle, il est essentiel de défendre l'attractivité des territoires en coordonnant mieux les efforts des collectivités territoriales et de certains acteurs privés. En effet, les entreprises d'énergie et de transport qui gèrent des infrastructures constituent les chevilles ouvrières du monde de demain, le maillon indispensable pour le développement économique des territoires et pour le maintien du lien entre les métropoles et les villes moyennes. De ce point de vue, nous aurions sans doute besoin d'un conseil régional des opérateurs, ou tout du moins d'une instance en charge de mettre ces acteurs en relation, de réfléchir au rôle des infrastructures et de veiller à l'attractivité des territoires en repensant par exemple la mobilité entre cités, la connexion aux lignes TGV et TER, en séparant artères logistiques et artères de vie, ainsi que les spécificités locales en matière de transport.

Plus généralement, il faudrait prendre en compte les besoins en matière d'éducation et de formation pour contrebalancer l'attraction unique des grandes écoles et universités françaises qui se situent pour la plupart à Paris. Il est temps d'élargir la fabrique des élites dans une géographie décompressée, avec des campus éclatés profitant de labels d'excellence. Les territoires doivent pouvoir relever le défi des compétences et tirer profit d'incubateurs ou d'établissements éducatifs animés par les meilleurs talents. Ce sera la meilleure façon de développer leur « marque-territoire » et de valoriser leurs atouts.

Deuxième voie : promouvoir un capitalisme responsable au service de l'urgence écologique, de la résilience et du temps long

En inscrivant leurs actions au plus près des territoires, les entreprises et les pouvoirs publics auront l'occasion de mieux répondre aux aspirations des citoyens-salariés-consommateurs, qui sont de plus en plus attentifs aux enjeux environnementaux, sociétaux et sécuritaires. Déjà observable chez les investisseurs, qui se détournent peu à peu des *business models* les moins vertueux, cette tendance favorisera l'avènement d'un capitalisme responsable qui servira l'urgence écologique et la résilience de nos systèmes économiques.

Le moment est venu de remédier à l'une des principales faiblesses du capitalisme tel qu'il s'est développé dans le cadre de la mondialisation : jusque-là trop autocentré, il s'est focalisé à l'excès sur les performances de l'entreprise au détriment de son impact sur l'écosystème, de son inscription dans les territoires, et de son rôle de stabilisateur des équilibres économiques, sociaux et sécuritaires.

Il est temps de tourner la page du « turbo-capitalisme » si bien décrit par l'économiste Edward N. Luttwak au tournant du XXIe siècle : « Un phénomène qui diffère essentiellement de la version du capitalisme qui s'est épanouie de 1945 aux années 1980, strictement encadré et contrôlé, et qui a apporté, sur une échelle sans précédent, [la prospérité] aux habitants des États-Unis, du Japon, de l'Europe de l'Ouest et de tous les autres pays qui ont marché sur leurs traces[112]. » Avec le « turbo-capitalisme » est arrivé le triomphe de « l'entreprise privée, libérée du contrôle administratif, échappant au contre-pouvoir de syndicats efficaces, débarrassée de considérations sentimentales concernant le sort des employés ou des collectivités locales, ignorant les barrières douanières ou les limitations à l'investissement et délivrée, autant que possible, de la ponction par l'impôt[113] ». Or, ce paradigme-là, typique de la dernière vague de mondialisation, a atteint ses limites.

Évaluer l'activité et le rôle des entreprises au prisme de la RSES

INTÉGRER LES ENJEUX DE SOUVERAINETÉ ET DE RÉSILIENCE. En mettant l'accent sur la responsabilité sociétale, environnementale et sécuritaire de l'entreprise, nous aurons l'opportunité de jeter les bases d'une économie qui articule de façon plus intelligente les missions du secteur public et de la sphère privée. Voilà pourquoi il est fondamental d'ajouter un volet « sécuritaire » à la RSE en s'intéressant aux défis qui relèvent de la souveraineté des États et de la résilience des structures économiques. À ce titre, la pandémie a représenté une forme d'avertissement salutaire : elle a rappelé que notre indépendance sanitaire et industrielle pouvait être remise en cause du jour au lendemain en cas de tension sur les circuits

112. Edward N. Luttwak, *Le Turbo-capitalisme*, Odile Jacob, avril 1999.
113. *Ibid.*

d'approvisionnement. La pénurie de masques et de médicaments l'a parfaitement souligné.

Dans des secteurs comme la santé, l'agroalimentaire, l'énergie, la défense ou le numérique[114], l'État doit donc définir un niveau d'autonomie stratégique à atteindre, à l'échelle nationale ou transnationale (comme l'espace Schengen, la zone euro ou le territoire hexagonal), pour défendre ses intérêts et la vitalité de la nation. S'il doit évidemment laisser les entreprises s'armer face à une concurrence internationale de plus en plus féroce, il ne saurait renoncer à toute intervention dès lors que la résilience du pays et la compétitivité du territoire sont mises en danger. Insistons sur ce point : au XXIe siècle, l'État conserve un rôle important en matière sécuritaire. Il ne doit pas se laisser emporter par un discours qui sacralise l'esprit d'entreprise dans tous les domaines. En la matière, il faut rompre avec le dogme de la concurrence à tout prix ; la règle de la compétition doit demeurer mais dans un cadre repensé qui préserve les fonctions vitales liées à la souveraineté et à certains modes de fonctionnement dégradés qu'il lui convient de définir. Tirons d'ailleurs les leçons des dernières années : l'Europe a ouvert son espace à la compétition sans regarder les briques indispensables à sa sécurité ; elle a parfois joué au chevalier blanc de la concurrence pure et parfaite, ce dont ont su profiter les autres grandes puissances.

DÉCLINER LES PRÉOCCUPATIONS RSES À L'ÉCHELON LOCAL. Du côté des entreprises, les préoccupations en matière de RSES doivent faire l'objet d'une vigilance accrue et être évaluées à un niveau local. Il faut descendre à la maille territoriale pour mesurer

114. Au moment où le digital devient un pilier de l'économie, il est par exemple peu prudent d'être exclusivement dépendant de grands centres de calcul gérés par les Gafam ; nous avons aussi besoin de petits centres pour être plus résilients en cas de panne mondiale, de tensions internationales ou de coupures.

la responsabilité sociétale, environnementale et sécuritaire des organisations. Il s'agit du moyen le plus efficace pour renforcer l'impact positif des entreprises sur les écosystèmes dans lesquels elles prospèrent.

À l'heure actuelle, la plupart des organisations rédigent un bilan ou un rapport d'activités annuel où figurent des éléments d'évaluation financière et des critères relatifs à la RSE. Pour les filiales des grands groupes et leurs centres industriels, il faudrait transposer ce type de documents à chaque usine ou à chaque entité locale afin de mettre en évidence les responsabilités locales de l'entreprise et sa participation à la création de valeur territoriale.

Entrer dans l'économie de l'externalité. Cette évolution paraît d'autant plus judicieuse que nous allons basculer dans une économie de l'externalité. Comme nous l'avons vu au sujet de la filière nucléaire[115], il est dans l'intérêt même des industriels d'intégrer dès le début les coûts du démantèlement et d'échafauder des solutions de recyclage pour récupérer des produits ou des ressources rares. Les entreprises ont tout à gagner d'une accentuation de leurs efforts sur les plans environnemental et sécuritaire, même si cela se traduit dans un premier temps par des investissements et par une augmentation des coûts. À moyen terme, la gestion de ces externalités profite non seulement à la collectivité mais aussi aux performances de l'organisation elle-même. De ce point de vue, les pouvoirs publics peuvent instaurer des mécanismes incitatifs, par le biais de normes et de taxes, pour accélérer cette démarche auprès des entreprises.

Entrer dans l'économie de l'externalité consiste également à soutenir le tissu économique et humain, en finançant par exemple

115. *Cf.* chapitre IV.

une équipe de sport, ce qui revient à accompagner une PME locale et à encourager la formation des jeunes. Au-delà de l'affichage de la marque, l'entreprise participe directement au développement d'un territoire. Il en va de même avec les fonds de dotation qui alimentent des activités de solidarité (comme les repas de Noël pour les plus modestes), ou qui proposent aux collaborateurs de venir en aide aux populations les plus démunies. Toutes ces initiatives possèdent une réelle valeur.

Adapter la temporalité des entreprises et le leadership à l'exigence de décompression

Ce changement de paradigme du capitalisme doit être incarné dans les entreprises par une nouvelle génération de leaders et de managers qui s'intéressent à toutes les facettes de la création de valeur, et qui inscrivent leur action dans une perspective de temps long.

Décomprimer le tempo des organisations. Chacun en fait l'expérience au sein de son entreprise : la révolution numérique impose une logique de *lean management* en traquant le moindre temps perdu, ce qui contribue à comprimer la temporalité des organisations. Si cette exigence de gestion allégée permet de réduire le gaspillage des ressources et d'améliorer la compétitivité dans le cadre de l'économie mondialisée, elle ne doit pas conduire à imposer un tempo infernal à ses équipes. On ne saurait l'appliquer de manière jusqu'au-boutiste.

Le tout est d'utiliser les innovations digitales à bon escient et de savoir employer positivement les temps ainsi dégagés. Consacrer moins de temps dans les *process* industriels et au fonctionnement routinier de l'entreprise permet de dégager d'autant plus de marges de manœuvre et de plages horaires pour partager des objectifs communs, analyser l'environnement concurrentiel et stratégique, et veiller à la cohésion du groupe.

Bâtir une vision et un projet dans la durée. C'est de cette façon que le dirigeant peut, aux côtés de ses collaborateurs, forger un projet au long cours, sans pour autant s'affranchir des contraintes de court terme, ni des urgences auxquelles est nécessairement confrontée une organisation. À ce titre, le portrait du leader efficace esquissé dans *L'Entreprise cerveau* demeure d'actualité. À la tête de nos entreprises – mais aussi des entités publiques –, nous avons plus que jamais besoin de personnes capables de transmettre et d'incarner une culture, une vision et des valeurs. Le dirigeant a vocation à organiser l'espace et le temps de l'entreprise en laissant la place à l'autonomie et à la responsabilité. Son ambition est de faire éclore les individus, d'activer les talents connectés, et de mobiliser les curieux[116]. Il est également là pour permettre la respiration lorsque cela est nécessaire, en donnant l'opportunité de s'affranchir de certaines contraintes ou de relâcher les *process* quand ses collaborateurs affrontent des situations tendues, incertaines ou imprévisibles.

En somme, c'est un profil aux multiples dimensions dont le sens de la synthèse est mis au service d'une vision d'ensemble (connaître au mieux l'intérieur et l'extérieur de l'entreprise) et non de mauvais compromis : il est ouvert, curieux, admiratif, proactif, disponible, décomplexé, mais mesuré dans ses choix. Le leader du XXIe siècle renouvelle l'art de diriger en mariant des optiques en apparence contradictoires : l'univers de la raison et celui de l'émotion, les contingences de court terme et la projection sur le long terme, la flexibilité et l'aptitude à maintenir un cap, les

116. Dominique Mockly, *L'Entreprise cerveau*, *op. cit.*

objectifs de rentabilité et la nécessité de création de valeur durable. Son approche ne se limite pas à une conception technocratique du pouvoir et de la prise de décision[117].

Troisième voie : revigorer le rôle du politique et restaurer la démocratie autour d'un contrat de confiance

S'affranchir de la dictature de l'immédiateté

Prendre du recul vis-à-vis de l'opinion publique. En France, depuis le passage au quinquennat, les responsables politiques éprouvent de vraies difficultés à construire un projet sur le long terme. Ils sont à l'image du héros de l'opéra d'Offenbach, *Orphée aux enfers*, prisonniers de l'opinion publique et des mirages de l'immédiateté. La mondialisation digitale a sans doute aggravé cette tendance avec une surcharge d'informations, une explosion des débats, une radicalisation de la parole, et une immixtion croissante des réseaux sociaux dans la conduite du pouvoir. Il y a quelques années encore, qui aurait imaginé que Facebook ou Twitter auraient une telle influence sur la vie de nos démocraties ?

L'obsession du court terme pousse à accélérer toutes les prises de décision, quitte à se tromper de temporalité. Ce phénomène est notamment observé dans le cadre de la transition énergétique. Tout le monde s'accorde à dire qu'il faut aller plus vite pour répondre à l'urgence climatique et environnementale. Cependant, dès lors que l'on se penche sur les modalités concrètes à mettre on œuvre, on s'aperçoit que cette injonction est incompatible

117. *Ibid.*

avec les outils industriels en place. Nous avons besoin de temps et d'argent. En réalité, chacun sait qu'il est inutile de fixer un tempo politique inapplicable sur le terrain… sauf à vouloir séduire certains lobbies et associations dotés d'une puissance de frappe médiatique. Il existe une équation humaine à laquelle nul ne peut échapper : il est impossible d'accélérer le temps d'adaptation des individus, contrairement aux technologies que l'on peut déployer rapidement. Si l'on ne mesure pas l'impact financier, sociétal et humain d'une telle mutation, on en reste au stade de la prophétie autoréalisatrice ou de l'incantation. On n'adopte en aucun cas la stratégie pertinente pour concrétiser cette transition. En résumé, on finit paradoxalement par maximiser les chances d'échec.

Retrouver des marges de manœuvre en déléguant plus de pouvoir à l'échelle locale

Remplacer le Sénat par un Parlement des régions. Les responsables politiques français parviendront d'autant mieux à se focaliser sur la vision et le projet de long terme qu'ils déconcentreront le pouvoir central afin de retrouver des marges de manœuvre. Pour qu'une démocratie suscite l'adhésion, il est indispensable d'instaurer des mécanismes de discussion avec le terrain et de laisser la possibilité aux citoyens de s'exprimer à l'échelle pertinente, au travers de référendums locaux par exemple. De la sorte, le fonctionnement démocratique est placé sous le signe d'un contrat de confiance adossé au dialogue, à la concertation et à la recherche de consensus. En associant davantage les citoyens à la prise de décision, on conjure en partie les risques de défiance vis-à-vis du politique, à condition de traduire le projet de l'État en valeurs et en missions prioritaires pour mieux déconcentrer les rôles et les ressources…

En France, nous pourrions très bien suivre ce chemin en nous inspirant du modèle suisse et en supprimant le Sénat pour le remplacer par un Parlement des régions qui allégerait la pression pesant sur le gouvernement. Il serait souhaitable de renforcer les prérogatives politiques et économiques de nos collectivités locales en les transformant en interlocuteurs privilégiés des citoyens et des entrepreneurs. Cela suppose naturellement que les régions soient dotées d'une autonomie financière suffisante et de ressources fiscales significatives pour mener à bien leur mission. Ce que les États demandent aux Gafam – c'est-à-dire payer des taxes là où la valeur est créée, ou là où les produits sont consommés –, il faut le reproduire dans la redistribution de valeur entre acteurs publics. Pour l'instant, sur les 313 milliards d'euros de recettes prélevés par l'État, seuls 41 milliards sont redistribués au profit des collectivités territoriales ; quant aux dépenses du premier (343 milliards), elles demeurent nettement supérieures à celles des secondes (271 milliards[118]). Un rééquilibrage serait capital pour aboutir à un véritable mouvement de décentralisation et de déconcentration.

Décloisonner la communication. Parallèlement, il serait souhaitable d'adapter les dispositifs de communication en les rendant moins descendants et verticaux, et en encourageant le dialogue avec les territoires afin de dissiper les incompréhensions et les fractures. Certains médias ont très bien compris cette évolution.

Il n'est qu'à songer au cas de *La Tribune*. Le journal a su renaître en fédérant des dispositifs de communication qui se font l'écho de préoccupations locales. Il s'appuie sur une intensité territoriale en faisant vivre l'économie et les entrepreneurs

118. Source : plateforme des finances publiques, du budget de l'État et de la performance publique, février 2020. En ligne : www.performance-publique.budget.gouv.fr.

implantés dans les communes. Des liens et des partenariats sont également noués avec les médias locaux, comme la radio à Pau, afin que les animateurs puissent opérer une synthèse entre les enjeux nationaux et territoriaux. En donnant la parole à tous ceux qui ont des choses à dire et qui font bouger les lignes sur le terrain, le journal permet de régénérer la vie démocratique locale et de valoriser le tissu économique français dans toute sa diversité. Il prend en compte le bruit de fond qui anime la vie quotidienne, mais qui est trop souvent passé sous silence à l'échelle nationale. Tout cela engendre une dynamique intéressante pour les territoires, et participe à créer un continuum entre le local et le national.

Réenchanter le projet européen pour partir à l'assaut de la mondialisation. En répartissant mieux les rôles entre les échelons territoriaux et nationaux, les responsables politiques français auront la capacité de forger un projet d'ensemble qu'ils pourront défendre à l'international et au niveau de l'UE, concourant ainsi à réenchanter la raison d'être de cette dernière.

En effet, la crise qui frappe la construction européenne ressemble à bien des égards à celle qui affecte la démocratie française et d'autres sociétés occidentales : l'absence de cap et de valeurs partagées. Il est donc urgent de redonner un sens au projet européen en le reformulant de manière plus explicite et engageante : cinq axes structurants que le Conseil européen aurait pour mission de défendre à l'international. De l'avenir du digital au combat écologique en passant par le recyclage des déchets, la valorisation des externalités ou l'émergence de *smart cities* à visage humain, ce ne sont pas les pistes qui manquent pour donner un sens, un écho et une portée aux messages de l'UE. Plus elle sera audible et cohérente, plus elle aura la capacité d'imposer des normes et des taxes par l'intermédiaire des organismes internationaux… plus elle s'affranchira de la rivalité sino-américaine et de l'hégémonie des Gafam et BATX... plus elle sera en mesure de proposer un modèle alternatif susceptible d'embarquer les pays africains et sud-américains... et plus elle donnera corps à l'ambition d'une « mondialisation décompressée ».

Changer d'échelle : les territoires au service de la transition industrielle et écologique

« Nous ne sommes pas seulement d'une province, mais d'une région. Elle est une part de notre identité. »

FERNAND BRAUDEL, L'Identité de la France

En devenant le fer de lance de la « mondialisation décompressée », l'Europe a toutes les chances de retrouver une posture active et de se démarquer dans la bataille des titans que se livrent la Chine et les États-Unis. Si la France souhaite jouer un rôle moteur dans cette transition, il est fondamental qu'elle fasse pivoter son modèle et qu'elle renonce à ses réflexes centralisateurs. En restant prisonnière de cet héritage, elle se prive du potentiel que recèlent l'échelon local et les forces vives qui animent le terrain.

Propice aux mutations et à la remise en cause des schémas préétablis, la période actuelle peut devenir le point de départ de l'émergence d'un nouveau concept, celui de « Régions-Nation ». Son principe : un tout national dont la robustesse et l'autonomie reposent sur l'énergie, la puissance et la résilience de ses territoires tout en multipliant ses chances de briller dans la mondialisation[119].

119. Dominique Mockly, « Pour de véritables "Régions-Nation" », *Lesechos.fr*, 20 juillet 2020.

Grâce à la crise du coronavirus, nos dirigeants ont redécouvert l'efficacité, l'adaptabilité et l'ingéniosité des acteurs de terrain. Les épisodes qui ont ponctué cette pandémie ont en effet démontré que, si la fonction stratégique des États demeurait fondamentale, leur marge de manœuvre réelle pouvait être entravée par la temporalité et la pesanteur inhérentes aux procédures institutionnelles et administratives centralisées. *A contrario*, la gestion opérationnelle quotidienne des entreprises, des administrations et des associations locales a permis de réagir avec rapidité et souplesse face aux secousses inédites qui ont ébranlé nos économies développées.

Au-delà des nombreux débats portant sur la décentralisation comme un pur enjeu de gouvernance politique et malgré la forte tradition jacobine de la France, les territoires ont ainsi été consacrés comme des leviers essentiels de la compétitivité du pays et de son attractivité. Par leur diversité et leur capacité d'innovation, ils ont prouvé combien ils formaient le ciment de notre tissu économique et social. Il est crucial de capitaliser sur cette prise de conscience. Le moment est venu de faire évoluer notre modèle en reposant la question de l'articulation entre le local, le national et l'international, afin de mieux soutenir la relance.

Dès lors, l'avènement des « Régions-Nation » pourrait se concrétiser par une approche nouvelle, celle de la régionalisation de l'industrie qui nous permettrait de regagner une véritable autonomie stratégique. Par sa résonance globale et sa viralité – qui la rapprochent des phénomènes digitaux –, cette crise a révélé combien la mondialisation pouvait être synonyme de vulnérabilité. L'interconnexion et l'interdépendance qui la caractérisent entraînent un risque de désorganisation complète du système, chaque anomalie, défaut ou irrégularité *a priori* isolé pouvant « contaminer » et déstabiliser l'ensemble.

Ce schéma théorique est, hélas, devenu, dans le contexte de la pandémie et de ses conséquences, une réalité empirique. Les débats sur les masques ont notamment confirmé que nous ne pouvions plus compter sur l'idée que des produits de première nécessité pouvaient être acheminés depuis le bout du monde en toutes circonstances. Aujourd'hui, il est urgent de « dé-risquer » ce système en garantissant son autonomie et ses capacités productives à l'échelle régionale dans un cadre national. Dans un contexte de crise sanitaire aux implications multiples, la prise de décision rapide, pertinente et au plus près du terrain a été et sera cruciale. C'est un enseignement qu'il convient de garder à l'esprit si nous souhaitons transformer cette période troublée en une opportunité de rebond.

Réagir à la crise ne suffit plus. Ce nouveau modèle doit être conçu en véritable élan de construction de l'avenir. Il nous permettrait en particulier d'accélérer la transition énergétique en l'insérant dans un cadre réaliste et ambitieux. Grâce à leur capacité à mettre en œuvre des initiatives innovantes au plus près des tissus locaux et de leurs spécificités, les territoires forment un maillon décisif dans la réalisation de nos objectifs en matière de transition énergétique. C'est en valorisant ce tissu énergétique que peut émerger un modèle durable et inclusif fondé sur la somme de ces initiatives.

Ces régions aux prérogatives étendues sont les plus à même de promouvoir le développement de solutions écologiques qui répondent non seulement à des enjeux de marché, mais aussi à l'intérêt des citoyens pour transformer durablement la société. Une nouvelle construction moins centralisée, ouvrant la voie à un vrai pacte écologique et à une autonomie stratégique retrouvée, doit pouvoir être aujourd'hui discutée. C'est le sens du concept de « Régions-Nation » : un levier pour libérer le potentiel de nos territoires, car ils sont porteurs d'une incroyable énergie.

Ils le sont d'autant plus qu'ils constituent l'échelon pertinent de développement au sein d'une Europe réinventée qui promeut la « mondialisation décompressée ». Si l'impulsion et les grandes orientations stratégiques peuvent être données par les États membres et les institutions de l'UE, les réalisations effectives et les preuves de succès viendront des territoires. Ces dernières offriront une vitrine du renouveau européen. Elles souligneront à quel point le « Vieux Continent » est en mesure de se réinventer, de montrer la voie et de nouer des alliances avec les pays – africains, asiatiques et sud-américains – qui souhaitent trouver une alternative à la domination sino-américaine. Les territoires seront l'humus qui nourrira un changement de paradigme dont les concrétisations et les réussites prendront leur envol pour essaimer sur l'ensemble du globe. Nous nous dirigeons aujourd'hui vers le plus grand changement d'échelle de notre siècle, au service du progrès, dont la « mondialisation décompressée » n'est autre que le manifeste.

TABLE DES MATIÈRES

LES AUTEURS

DES ÉDITIONS DÉBATS PUBLICS

Yaële Aferiat,
Directrice de l'Association française des Fundraisers

Jean-Philippe Aka,
Fondateur d'Africa Art Market Today

Hervé Amar,
Président d'Ayming

Antoine Amiel,
Cofondateur de LearnAssembly

Julien Artu,
Cofondateur de My Hospi Friends

Jacques Attali,
Ancien conseiller spécial de François Mitterrand

André-Jacques Auberton-Hervé,
Fondateur et président de Soitec

Fanny Auger,
Fondatrice de The School of Life

Bertrand Badré,
Président de Blue Like an Orange Sustainable Capital

Hector Balas,
Cofondateur et dirigeant d'Impala

Jérôme Ballarin,
Président de l'Observatoire de la parentalité en entreprise

Marie Barrot,
Fondatrice d'AIM Prod

Anne-Sophie Beauvais,
Directrice générale de Sciences-Po Alumni

Salomé Berlioux,
Fondatrice de Chemins d'avenirs

Phillip Blond,
Fondateur de ResPublica

Bruno Bonnell,
Président de l'EM Lyon Business School

Jean-Marc Borello,
Président du groupe SOS

Valence Borgia,
Cofondatrice de la Fondation des Femmes

Grégoire Borst,
Professeur de psychologie du développement et de neurosciences cognitives de l'éducation à l'Université Paris-Descartes

Vanessa Boudin-Lestienne,
Fondatrice de The Social Client

Kevin Bourgeois,
Cofondateur de Supermood

Anne Bourrassé, Cyril Quenet et Camille Zonca,
Cofondateurs de Label Famille

Nicolas Bouzou,
Fondateur d'Asterès

Nicolas Brien,
CEO de France Digitale

Tamara Brisk,
Fondatrice de Mokki

Franck Bruel,
Directeur général adjoint d'Engie

Jean-Martial Buisson,
Avocat associé chez Fromont Briens

Moussa Camara,
Président-fondateur de l'association Les Déterminés

Robert Cantarella,
Codirecteur du Centquatre

Carolyn Carlson,
Danseuse, chorégraphe, poétesse

Louis Champion,
Directeur général de Stallergenes

Julie Chapon,
Cofondatrice de Yuka

Thibaut Charmeil,
Directeur général France du groupe Ayming

Xavier Charpentier,
Cofondateur de FreeThinking

Jean-Louis Chaussade,
Directeur général de Suez Environnement

Mathieu Cornieti,
Président d'Impact Partenaires

Anne-Marie Couderc,
Directrice générale de Presstalis

Moano Dadou,
Fondateur de RefuHelp

Amy Dahan,
Directrice de recherche au CNRS

Julie Dautel,
Cofondatrice d'EONEF

François Davy,
Président du groupe Adecco

David De Faria,
Directeur Pôle Enfance

Paul de Leusse,
Directeur général adjoint du groupe Orange

Maxime Delmotte,
Cofondateur de Balibart

Jean-Philippe Derosier,
Professeur de droit public à l'Université Lille 2 – Droit & Santé

Tanguy Desandre et Marine Desandre,
Fondateurs de maplaceencrèche

Jean-Luc Domenach,
Créateur de l'université Tsinghua

Laurence Drake,
Déléguée générale d'InPACT-Initiative

Mathieu Duquesne,
Directeur de la stratégie de SNCF Logistics

Jean-Loup Durousset,
Président de la Fédération de l'hospitalisation

Béatrice Eastham,
Fondatrice et directrice de Green Événements & Événements 3.0

Caroline Eliacheff,
Docteur en médecine, psychanalyste et pédopsychiatre

Paola Fabiani,
Présidente de Wisecom

Domitille Fafin,
Directrice des relations institutionnelles et de la communication de Shell

Mireille Faugère,
Présidente d'Amref France

Frédéric Fisbach,
Codirecteur du Centquatre

Hubert Flichy,
Senior counsel au cabinet Flichy-Grangé Avocats

Françoise Forette,
Directrice d'ILC-France

Jean-Baptiste de Froment,
Conseiller Éducation de Nicolas Sarkozy à L'Élysée

Sophie Gaillet,
Fondatrice de Grand-Mercredi

Marianne Gallardo,
Project leader et research engineer chez Engie

Mathieu Gallet,
Fondateur et président de Majelan

Cristina Garmendia,
Présidente de la Fundación España Constitucional

Pierre Gattaz,
Président du Medef

Marie Georges,
Présidente de Willa, ex-Paris Pionnières

David Gordon-Krief,
Associé UGGC Avocats

Anne-Sophie Grouchka,
Directrice relations et solutions clients chez Allianz

Khamsa Habouchi,
Directrice adjointe du Centre Virchow-Villermé

Nicolas Hazard,
Fondateur d'Inco

Anne Hidalgo,
Maire de Paris

Tarek S. Hosni,
Directeur général d'Alvarez & Marsal

Sarah Huisman-Coridian,
Associée-fondatrice et directrice générale d'Equanity

Thierry Jadot,
Président de Dentsu Aegis Network France

Olivier Jaillon,
CEO de Wakam

Patrick Jeantet,
Président-directeur général de SNCF Réseau

Marcel Kahn,
Directeur général du groupe MACSF

F. W. de Klerk,
Prix Nobel de la paix 1993

Guillaume Klossa,
Fondateur d'EuropaNova

Gaspard Koenig,
Fondateur du think tank GenerationLibre

Alain Krakovitch,
Directeur de SNCF Transilien

Arnaud de Lacoste,
Directeur général d'Acticall Sitel

Ingrid Lamri,
Project director chez Engie

Véronique Langlois,
Cofondatrice de FreeThinking

Frédéric Latrobe,
Associé cabinet Tilder

Jean-Yves Le Gall,
Président du Centre national d'études spatiales

Ludovic Le Moan,
Cofondateur de Sigfox

Fabrice Le Saché,
Fondateur d'Aera

Philippe Lemoine,
Président de la Fondation Internet nouvelle génération

Philippe Lentschener,
Président de Publicis France

Matthias Leridon,
Président-fondateur de Tilder

Enrico Letta,
Doyen de l'École des affaires internationales de Sciences-Po

Aude Letty,
Directrice Innovation Santé et déléguée générale de l'Institut du Bien Vieillir Korian

Pascal Lorne,
Fondateur et CEO de Gojob

Marina Maestrutti,
Maîtresse de conférences en sociologie à l'Université Paris 1 Panthéon-Sorbonne, CETCOPRA

Angèle Malâtre-Lansac,
Directrice déléguée à la santé à l'Institut Montaigne

Pierre-Alain de Malleray,
Directeur général du groupe Santiane

Emma Marcegaglia,
Présidente d'Eni

Michel Mathieu,
Directeur général de LCL

Dominique Méda,
Directrice de l'Irisso

Bruno Mettling,
Président d'Orange Middle East & Africa

Fatiha Mlati,
Directrice de l'intégration chez France terre d'asile

Jean-Paul Mochet,
Directeur général de Franprix

Dominique Mockly,
Président et directeur général de Teréga

Grégory Mollet-Viéville et Romain Rainaut,
Créateurs de CYD

Filippo Monteleone,
Directeur général délégué du groupe Générale de santé

Aurélie Motta-Rivey,
Vice-présidente de l'AFNU

Antoine Motte,
Créateur de Constructions-3D

Claude Nahon,
Directrice du développement durable et de l'environnement au sein du groupe EDF

Séverin Naudet,
Fondateur et global CEO de Socialyse

Axelle N'Ciri,
Fondatrice de MAP-Patho

Haiba Ouaissi,
Cofondateur de la plateforme Lecontratdetravail.com

Amélie Oudéa-Castéra,
Directrice marketing et digital du groupe AXA

Emmanuel Petiot,
Directeur général de Deinove

Céline Peudenier,
Directrice générale Commerce & Services du Groupe SOS

Fabien Piazzon,
Associé Qualité de vie au travail chez Ayming

Alain Picard,
Directeur général de SNCF Logistics

François Pignol,
Directeur Grands comptes Luxe chez Google Paris

Laurie Pilo,
Directrice générale d'Ayming Benelux

Olivier Poivre d'Arvor,
Ambassadeur de France en Tunisie

Célia Poncelin,
Fondatrice de Lunetist

Philippe Pouletty,
Cofondateur de Truffle Capital

Pierre Rabhi,
Créateur du mouvement Colibris

Raymond Redding,
Directeur général du Courrier de La Poste

Helmut Reisinger,
CEO d'Orange Business Services

Hugues Renson,
Vice-président de l'Assemblée nationale

Sandra Rey,
Fondatrice de Glowee

Stéphane Richard,
Président-directeur général d'Orange

Anne Rigail,
Directrice générale d'Air France

Rémy Rioux,
Directeur général de l'Agence française de développement

Robin Rivaton,
Directeur général de l'agence d'attractivité de la région Île-de-France

Patrick Ropert,
Directeur général de SNCF Gares & Connexions

Père Matthieu Rougé,
Docteur en théologie

Nicolas Rousselet,
Président de G7, ADA et Homebox

Cédric Sanial,
Agriculteur en Haute-Loire

Michel Sapin,
Ministre des Finances et des Comptes publics

Marie-Laure Sauty De Chalon,
Présidente de Carat

Wolfgang Schäuble,
Ministre fédéral des Finances

Olivier Schwartz,
Directeur de l'unité de recherche Virus et immunité à l'Institut Pasteur

Hervé Seck,
Chef de projet chez Diambars

Olivier Sibony,
Associé McKinsey

Victor Simon,
Président de WorldSkills France Champions

Alvaro de Soto,
Professeur à l'École d'affaires internationales de Sciences-Po Paris

Jean Todt,
Président de la FIA

Albert Toikeusse Mabri,
Ministre des Affaires étrangères de la république de Côte d'Ivoire

Marie Trellu-Kane,
Présidente-fondatrice d'Unis-Cité

Agnès Verdier-Molinié,
Directrice de la fondation iFRAP

Augustin Verlinde,
Fondateur de Frizbiz

Gilles Vermot Desroches,
Directeur Développement durable de Schneider Electric

Daniel Vervloet,
Président de la FFAL

Martin Vial,
Directeur général d'Europ Assistance

Frédéric Vincent,
Président de Nexans

Jean-Pierre Wiedmer,
Président de HSBC Assurances

Pascale Witz
Présidente de PWH Advisors

DEBATS PUBLICS

Retrouvez-nous sur
le site internet des Éditions
Débats Publics :

www.debatspublics.com

Les Éditions Débats Publics s'engagent dans une démarche
de développement durable par respect pour leurs lecteurs
et pour l'environnement.

La conception, la composition et l'impression de ce livre
ont été réalisées en France.

Crédit photographique : Teréga, Laurent Pascal
Direction artistique : Bureau des formes
Composition et mise en pages : Nord Compo
Impression : Normandie Roto SAS (2100481)

Première édition : mars 2021

Cet ouvrage est également disponible au format eBook.

L'imprimerie Normandie Roto SAS est labellisée Imprim'Vert®,
et la couverture ainsi que le papier intérieur de l'ouvrage sont
issus de forêts certifiées PEFC.

PEFC™
10-31-2541
Certifié PEFC
Ce produit est issu de forêts gérées durablement et de sources contrôlées
www.pefc-france.org

ISBN : 978-2-37509-636-9

Achevé d'imprimer en février 2021

Dépôt légal : mars 2021